中等职业学校酒店**服务与管理**类规划教材

前厅服务与管理

（第2版）

■ 姚 蕾 主编

清华大学出版社
北京

内 容 简 介

本书针对酒店前厅部的预订部、前台、礼宾、总机、收银等业务岗位进行了单元内容的设计与划分。根据各岗位特点进行了知识介绍和典型工作任务的情境设计。在工作任务中，根据各环节设计了不同的活动，让学习者在不同的活动中习得专业知识及岗位技能，并达到最终顺利完成工作任务的目标。为更好地保证部分实操性较强的任务练习效果，在修订版中，加入中、英文服务对话参考。在每个任务之后，根据完成该任务的具体要求和操作标准设计了任务评价单，以便于学习者在完成任务后能够及时检查和反馈自己的知识学习效果与技能练习结果。

本书可作为中职、高职院校旅游管理专业或酒店管理专业的教材，亦可作为对酒店前厅部在职人员进行岗位技能培训的参考用书。

本书封面贴有清华大学出版社防伪标签，无标签者不得销售。
版权所有，侵权必究。举报：010-62782989，beiqinquan@tup.tsinghua.edu.cn。

图书在版编目(CIP)数据

前厅服务与管理/姚蕾主编．—2版．—北京：清华大学出版社，2019（2023.8重印）
（中等职业学校酒店服务与管理类规划教材）
ISBN 978-7-302-52930-9

Ⅰ．①前… Ⅱ．①姚… Ⅲ．①饭店—商业服务—中等专业学校—教材②饭店—商业管理—中等专业学校—教材 Ⅳ．① F719.2

中国版本图书馆 CIP 数据核字 (2019) 第 083567 号

责任编辑：王燊娉
封面设计：赵晋锋
版式设计：方加青
责任校对：牛艳敏
责任印制：沈　露

出版发行：清华大学出版社
网　　址：http://www.tup.com.cn，http://www.wqbook.com
地　　址：北京清华大学学研大厦A座　　邮　编：100084
社　总　机：010-83470000　　邮　购：010-62786544
投稿与读者服务：010-62776969，c-service@tup.tsinghua.edu.cn
质　量　反　馈：010-62772015，zhiliang@tup.tsinghua.edu.cn

印　装　者：北京博海升彩色印刷有限公司
经　　销：全国新华书店
开　　本：185mm×260mm　　印　张：10.75　　字　数：241千字
版　　次：2011年8月第1版　2019年8月第2版　　印　次：2023年8月第3次印刷
定　　价：59.00元

产品编号：080476-02

丛书编委会

主　　任：田雅莉
副 主 任：邓昕雯　林　静　汪珊珊
顾　　问：俞启定　许　宁
成　　员：杨秀丽　姜　楠　郑春英　王利荣　王冬琨
　　　　　龚威威　荣晓坤　高永荣　徐少阳　王秀娇
　　　　　赵　历　孙建辉　姚　蕾

丛书序

以北京市外事学校为主任校的北京市饭店服务与管理专业委员会，联合了北京和上海两地12所学校，与清华大学出版社强强联手，以教学实践中的第一手材料为素材，在总结校本教材编写经验的基础上，开发了本套《中等职业学校酒店服务与管理类规划教材》。北京市外事学校是国家旅游局旅游职业教育校企合作示范基地，与国内多家酒店有着专业实践和课程开发等多领域、多层次的合作，教材编写中，聘请了酒店业内人士全程跟踪指导。本套教材的第一版于2011年出版，使用过程中得到了众多院校师生和广大社会人士的垂爱，再版之际，一并表示深深的谢意。

中国共产党第二十次全国代表大会报告强调，要"优化职业教育类型定位"，"培养造就大批德才兼备的高素质人才，是国家和民族长远发展大计"。近年来，酒店业的产业规模不断调整和扩大，标准化管理不断完善，随之而来的是对其从业人员的职业素养要求也越来越高。行业发展的需求迫使人才培养的目标和水平必须做到与时俱进，我们在认真分析总结国内外同类教材及兄弟院校使用建议的基础上，对部分专业知识进行了更新，增加了新的专业技能，从教材的广度和深度方面，力求更加契合行业需求。

作为中职领域教学一线的教师，能够静下心来总结教学过程中的经验与得失，某种程度上可称之为"负重的幸福"，是沉淀积累的过程，也是破茧成蝶的过程。浮躁之风越是盛行，越需要有人埋下头来做好基础性的工作。这些工作可能是默默无闻的，是不会给从事者带来直接"效益"的，但是，如果无人去做，或做得不好，所谓的发展与弘扬都会成为空中楼阁。坚守在第一线的教师们能够执着于此、献身于此，是值得被肯定的，这也应是中国职业教育发展的希望所在吧。

本套教材在编写中以能力为本位、以合作学习理论为指导，通过任务驱动来完成单元的学习与体验，适合作为中等职业学校酒店服务与管理专业的教材，也可供相关培训单位选作参考用书，对旅游业和其他服务性行业人员也有一定的参考价值。

这是一个正在急速变化的世界，新技术信息以每2年增加1倍的速度增长，据说《纽约时报》一周的信息量，相当于18世纪的人一生的资讯量。我们深知知识更新的周期越来越短，加之编者自身水平所限，本套教材再版之际仍然难免有不足之处，敬请各位专家、同行、同学和对本专业领域感兴趣的学习者提出宝贵意见。

2022年12月

前　言

随着时代的发展和社会的进步，各行各业都在发生着翻天覆地的变化。信息技术的迅猛发展更使得各个领域的工作和活动瞬息万变。2010年，为了满足旅游职业教育与企业培训的要求，顺应市场及行业的特点，更新专业教学理念，在清华大学出版社的积极倡导和组织下，我们进行了本书第一版的策划和编写工作。时隔9年，根据市场需要，我们对本书进行了必要的调整和修订。

在本书的编写过程中，除了多位常年从事旅游及酒店管理专业职业教育工作的资深教师外，我们还有幸邀请了行业专家对教材的内容进行把关和指导。编者们多年积累的专业理论知识、职业及岗位技能的最新要求，加上先进、科学的教学理念和方法，三者的结合是本书编写的基础和依据。此次修订，首先在内容上根据时代发展和行业变化作了微调；其次，根据单元主题和酒店工作实际对个别单元中的任务设计作了修订；第三，根据学习者的需要和部分学习者的反馈意见，在部分实操性较强的服务任务中增加了"服务对话参考"，基于现代酒店业的基本需求，服务对话采用中、英文双语呈现，希望能够为读者和学习者们提供有实际参考价值的样本。

本书注重理论知识与职业技能实践相结合，让学习者通过动手完成相关工作任务，领会职业技能的内涵和具体要求，最终达到企业及岗位的要求。本书针对前厅部的预订部、前台、礼宾、总机、收银等业务岗位进行了单元内容的设计与划分。根据各岗位特点进行了知识介绍和典型工作任务的情境设计。在工作任务中，根据各环节设计了不同的活动，让学习者在不同的活动中习得专业知识及岗位技能，并达到最终顺利完成工作任务的目标。此次再版修订，加入的"服务对话参考"内容为学习者提供了练习的模板，可供学习者参照进行后面的任务操作及对话练习。同时，学习者可参照该对话中的英文部分，结合任务操作要求提升自己的英文服务水平。值得一提的是，在每个任务后面，还根据完成该任务的具体要求和操作标准设计了任务评价单，以便于学习者在完成任务后能够及时检查和反馈自己的知识学习效果与技能练习结果。

本书可作为中职、高职院校旅游管理专业或酒店管理专业的教材，各校可结合自身的专业特点及教学需要酌情选择。本书亦可作为对酒店前厅部在职人员进行岗位技能培训的参考用书。

承蒙相关专家对本书进行认真、严谨的审阅，并在第一版编写中期研讨过程中提出了宝贵意见，给予了大力支持；感谢北京市外事学校的领导和老师们对于本教材编写和修订再版工作的大力支持及其所做的相关策划、筹备工作。在此，一并表示衷心的谢意。

本书由姚蕾担任主编和修订工作，其他参与编写的还有梁立红、钦宇红、张石娥和郑永红等。

在职业教育和专业教学研究的探索道路上，我们的研究成果难免会有不足之处，恳请各方专家及读者批评指正。

编　者

2023年7月

目 录

单元一 前厅部概况

任务 认识前厅部 ·· 2
活动一 明确前厅部的地位和作用 ··· 2
活动二 描述前厅部典型岗位及其职能 ·· 5

单元二 客户预订服务

任务一 受理电话预订 ··· 12
活动一 熟悉房间类型和房价 ·· 12
活动二 认识客房预订单 ·· 16
活动三 掌握电话预订流程 ··· 18
任务二 熟悉预订方式和预订类型 ·· 22
活动一 了解客房预订的其他渠道和方式 ·· 22
活动二 了解客房预订类型 ··· 25
任务三 客人入住前的准备工作 ··· 28
活动一 确认预订 ··· 29
活动二 预订的变更 ·· 31
活动三 客人抵店前的准备工作 ··· 33

单元三 前台接待服务

任务一 散客入住登记手续的办理 ·· 38
活动一 了解入住登记手续 ··· 38
活动二 认识入住登记表 ·· 40

| 活动三 | 散客入住登记服务 | 42 |

任务二　团队入住登记服务 ... 49
活动一　了解客源 ... 49
活动二　团队入住服务 ... 50

任务三　客人入住后要求换房 ... 53
活动一　了解客人的需求 ... 53
活动二　熟悉工作流程，提供换房服务 ... 55

任务四　问讯服务 ... 58
活动一　熟悉问讯处服务内容 ... 59
活动二　介绍酒店设施及服务 ... 63
活动三　留言服务 ... 65

任务五　处理投诉 ... 68
活动一　认识大堂副理 ... 68
活动二　熟悉投诉类型并巧妙处理 ... 71

|单元四　收银服务|

任务一　结账离店服务 ... 76
活动一　了解结账方式 ... 76
活动二　结账离店服务 ... 78

任务二　货币兑换服务 ... 83
活动一　熟悉常见外币及支票 ... 83
活动二　外币兑换工作流程 ... 86

|单元五　礼宾服务|

任务一　店外迎接服务 ... 90
活动　迎接客人 ... 90

任务二　客人入住时的行李服务 ... 96
活动　了解入住行李服务 ... 96

任务三　为离店客人提供行李服务 ... 101
活动　了解离店行李服务 ... 101

单元六　总机服务

任务一　为客人接通电话 ·· 106
　活动一　国际长途拨打服务 ·· 106
　活动二　其他电话转接服务 ·· 109
任务二　电话留言服务 ·· 112
　活动　熟悉电话留言服务 ·· 112

单元七　商务中心服务

任务一　认识商务中心 ·· 118
　活动　了解商务中心 ·· 118
任务二　打字复印服务 ·· 121
　活动　为客人提供打字复印服务 ···································· 121
任务三　收发传真服务 ·· 124
　活动　提供收发传真服务 ·· 125
任务四　秘书服务 ·· 128
　活动　提供翻译服务 ·· 129
任务五　会议服务 ·· 132
　活动一　会议设施设备 ·· 133
　活动二　会议室租赁与服务 ·· 134

单元八　商务楼层服务

任务一　推销商务楼层 ·· 140
　活动　熟练推销商务楼层 ·· 140
任务二　贴身管家服务 ·· 145
　活动一　认识"管家" ·· 146
　活动二　提供"贴心的服务" ······································ 147

| 单元九　商品部服务 |

任务　帮助客人挑选和购买礼物 ……………………………………………… 152
活动一　了解商品部 ……………………………………………………………… 152
活动二　商品部导购服务 ………………………………………………………… 153

参考文献 ……………………………………………………………………………… 157

单元一

前厅部概况

前厅部、客房部和餐饮部是酒店直接对客服务的三大主要业务部门。其中,前厅部担当着中枢神经的角色,协调酒店各部门间的运转。同时,前厅是酒店所有宾客抵达和离开时的必经之地。因此,前厅提供的各项服务及其管理风格都要体现酒店的特色,以便给客人留下深刻印象。

任务 认识前厅部

工作情境

装修豪华的大堂，有条不紊的总台接待处，格调优雅的咖啡吧，一切都给客人留下了高雅而温馨的第一印象。实际上，除了到店后的入住服务外，客人在酒店入住期间享受的其他服务也都与前厅部密切相关。

具体工作任务
- 明确前厅部在酒店的重要地位和作用；
- 能够描述前厅部典型岗位及其职能(包括预订部、前台、礼宾部、收银、总机、商务中心、商务楼层、商场部等)。

活动一 明确前厅部的地位和作用

首先，要明确3个概念：前厅部、前厅和前台。前厅部是酒店的重要职能部门之一，它负责组织和管理其分支机构，如礼宾部、预订部、前台、总机、商务中心等。前厅又被称为酒店大堂，是客人到达或离开酒店时必经的重要服务场所。前台(又称总台)则是指前厅部对客提供各项服务和进行协调的营业柜台。在明确了三者之间的关系之后，下面来看看前厅部在酒店运营中是如何发挥其作用的。

信息页 前厅部简介

在现代化酒店企业中，前厅部(Front Office)担负着至关重要的作用。它主要负责向客人提供预订、入住接待、行李、分房、换房、退房、电话接打、留言、问讯、商务办公等服务，同时还负责与其他职能部门进行协调与沟通，并提供必要的信息和资料的工作。可以看出，前厅部的工作与服务贯穿客人入住酒店的始终。

一、前厅部的工作任务

总体来说，前厅部的工作包括两点：一是推销酒店的综合性服务产品，获得利润；二是提供各项优质服务,提高顾客满意度,最终实现酒店的经济效益和社会效益。前厅部的具体工作任务如下。

(1) 接受预订:客人到酒店入住前,可采用传真、电话等方式预订房间。

(2) 礼宾服务:机场接送服务、咨询服务、行李服务、委托代办等。

(3) 入住登记服务:团队、会议、散客换房、延期住房、留言、转交服务等。

(4) 房态控制:通过房态显示架或电脑系统正确显示或变更客房状态,以提高排房、定价的效率和受理预订的决策力,同时提供客房销售情况的分析依据。

(5) 财务管理:客人进店入账、离店挂账、结账等。

(6) 信息管理:包括各类数据的收集、加工和传递等工作,并通过此项工作向有关管理和决策部门提供相关材料。

(7) 客房销售:虽然销售部主要负责酒店各项产品的营销工作,但前厅预订和前台接待同时也担负着推销客房等产品的重任。

知识链接　　　　　　　　**酒店常见房态**

序号	中文	英文	缩写
1	住客房	Occupied Room	OCC
2	可售空房	Vacant and Available for Sale Room	VAC
3	脏的空房	Vacant and Dirty	VD
4	离店房	Check-out Room	C/O
5	待修房	Out-of-Service	OOS
6	维修房	Out-of-Order	OOO
7	携少量行李房间	Occupied-with-Light Luggage	O/L
8	双锁房	Double Locked Room	D/L

二、前厅部的角色与作用

1. 酒店的"门面"

前厅部是最先向客人提供服务的部门。在未到店前，客人就已经通过预订服务对酒店产生了一定的印象。到达酒店后，前厅是客人接触的第一个营业场所。客人对酒店印象的好坏很大程度上会受到第一印象的影响。也就是说，前厅是酒店的"门面"。客人首先会通过前厅硬件设施设备质量、豪华程度以及整体氛围来判断酒店规模档次和服务质量的高低。同时，前厅部员工的精神面貌、气质、服务态度、服务技巧、办事效率等也代表着酒店形象。从心理学角度出发，第一印象非常重要，客人总是带着第一印象来评价一个酒店的服务质量。如果第一印象好，客人住宿期间遇到的一些不如意也会淡化，但如果前厅带给客人的印象欠佳，那么无论入住后提供的服务多么好，客人也有可能带着不悦的心情对服务百般挑剔。

2. 酒店的"神经中枢"

酒店对客服务的过程包括入住前、入住过程和入住后3个阶段。前厅部的服务在这3个阶段贯穿始终，且在其中起着积极协调各部门间工作的作用。首先，自预订环节至客人结账离店，前厅部工作人员就开始记录和存档各类信息、数据，为不同部门做好前期工作准备或后期资料分析提供了真实有效的依据。其次，酒店提供给客人的是包括吃、住、购、娱等多方面的综合性服务产品，这一产品的生产需要酒店各职能部门相互协调，共同努力完成。前厅部作为直接对客服务的职能部门，在整体工作中起着重要的联系和沟通作用。例如，客人无论对哪个部门的服务产生不满，首先想到的投诉处理部门就是前台或大堂副理，前台应立刻协调相应部门进行调整或改进；再如团队、会议、VIP等接待需求，都由前厅部受理并及时通知各相关部门做好接待准备。

3. 酒店的主要创收场所之一

客房是酒店的主要产品，酒店的前厅部通过抓住预订、前台接待等服务时机直接进行对客销售。同时，前厅部还会通过各种途径向客人推销酒店的娱乐、商务等类型的产品。这些推销工作不仅体现在酒店经济效益的增加上，同时也将酒店和其产品的形象推广到宾客心目中，会直接影响酒店客人的品牌忠诚度和品牌推介度。

4. 决策依据的提供者

前厅部是酒店的信息中心，通过收集、整理和存档积累大量资料，然后加以分析，传递给相关部门。这些信息是酒店在市场定位、产品定位、营销策略等方面作出科学决策的依据。

> **任务单　明确前厅部的地位和作用**
>
> 请结合酒店前厅部的具体工作任务，分析前厅部所扮演的4个重要角色。

活动二　描述前厅部典型岗位及其职能

酒店大堂是酒店中最繁忙的场所之一。从彬彬有礼的门童、耐心倾听宾客意见的大堂副理到细致认真的商务中心文员，这些岗位无一不体现着前厅部各分支部门严谨的工作态度与真挚的服务热情。那么前厅部具体有哪些岗位呢？

信息页　前厅部构成

一、前厅部组织结构

不同规模、等级的酒店，各部门的组织结构的具体设置也不同。对于一般酒店而言，尽管有差别，但下面的几个分支部门是必不可少的。根据对客服务具体内容进行划分，前厅部包含以下分支：预订部、前台接待处、礼宾部、总机、商务中心、商务楼层等，如图1-1-1所示。

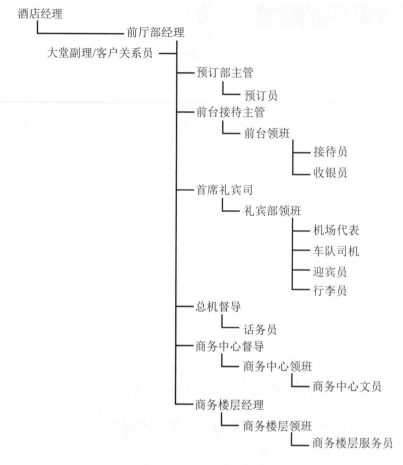

图1-1-1 前厅部组织结构

二、前厅部典型岗位及其职能

1. 前厅部经理(Department Manager)

(1) 直接上司：驻店经理、总经理。

(2) 下属对象：接待经理、大堂副理、前厅各岗位督导。

(3) 主要职能：直接管理所有前厅部员工并确保正确履行前厅职责。负责大堂副理、总台、预订、礼宾部、总机、商务中心、商场、医务室等各区域和各项对客服务的指挥协调。

2. 大堂副理(Assistant Manager)

(1) 直接上司：前厅部经理。

(2) 下属对象：各岗位主管。

(3) 主要职能：监督前厅部各岗位的服务工作，保持前厅的良好运作，处理客人投诉，解决客人提出的问题，与其他部门保持良好的沟通与协作，负责接待酒店贵宾客人。

3. 客户关系专员(GRO，Guest Relationship Officer)

(1) 直接上司：前厅部经理。

(2) 服务对象：面向酒店所有客人。

(3) 主要职能：同大堂副理，在提供服务的同时与客人进行各种沟通、交流，收集客人意见。具体服务包括VIP及普通客人的迎送、前厅巡查、接受问询、处理投诉等。

4. 前台接待主管(Reception Supervisor)

(1) 直接上司：前厅部经理。

(2) 下属对象：前台接待员。

(3) 主要职能：直接管理总台员工并确保其履行岗位职责，保持总台良好运作。

5. 前台接待员(Receptionist)

(1) 直接上司：前台接待主管。

(2) 主要职能：在宾客住店期间，代表酒店与宾客打交道，确认宾客的预订种类和居住天数；帮助宾客填写入住登记表、安排客房；尽可能地落实宾客的特殊要求；提前问询宾客付款方式，按检查步骤跟踪监管宾客信用，将宾客和客房的有关信息分别记录在前厅栏目中，并将有关信息通知到酒店相关人员。

6. 预订部主管(Reservation Supervisor)

(1) 直接上司：前厅部经理。

(2) 下属对象：预订部工作人员。

(3) 主要职能：直接管理预订部员工并确保预订工作正常、有效开展。

7. 预订员(Reservationist)

(1) 直接上司：预订部主管。

(2) 主要职能：负责用邮件、电话、传真等方式或通过电脑预订管理系统与宾客、旅行社和合作单位就预订事宜进行沟通；起草确认预订的信函，准确受理各种预订取消、预订变更和预订更新。

8. 总机督导(Operator Captain)

(1) 直接上司：前厅部经理。

(2) 下属对象：总机话务员。

(3) 主要职能：酒店总机房的负责人，在前厅部经理的领导下，负责总机的管理工作；培训下属为店内外宾客提供优质服务。

9. 总机话务员(Operator)

(1) 直接上司：总机督导。

(2) 主要职能：使用聆听技巧让来电者能流畅地说出需求，以便获得正确完整的信息；接听电话并通过总机系统转接客房或店内的个人和部门。

10. 首席礼宾司(Chief Concierge)

(1) 直接上司：前厅部经理。

(2) 下属对象：迎宾员、行李员、店外迎接等。

(3) 主要职能：负责监督礼宾部员工的服务工作，为客人提供迎接、搬运行李、代订出租车以及代办客人提出的其他杂项服务。

11. 迎宾员(Doorman)

(1) 直接上司：首席礼宾司。

(2) 主要职能：迎宾员位于酒店服务的最前沿，对所有光顾酒店的客人，都要代表全酒店人员致以问候，热情迎送，维持酒店正门前的交通秩序。

12. 行李员(Bellman)

(1) 直接上司：首席礼宾司。

(2) 主要职能：行李员是大堂服务的主体。

(3) 主要任务：为客人提供迅速、准确的行李运送服务，同时提供委托代办等服务。

13. 商务中心督导(Business Center Captain)

(1) 直接上司：前厅部经理。

(2) 下属对象：商务中心文员。

(3) 主要职能：商务中心是为宾客提供传真、复印、中英文打字、国际国内长途直拨电话、洽谈室服务、国际互联网接入、特快专递等商务服务的岗位，商务中心督导负责商务中心的服务管理和监督。

14. 商务中心文员(Business Center Clerk)

(1) 直接上司：商务中心督导。

(2) 主要职能：为宾客提供传真、复印、中英文打字、国际国内长途直拨电话、洽谈室服务、国际互联网接入、特快专递等商务服务。

15. 商场经理(Gift Shop Manager)

(1) 直接上司：前厅部经理。

(2) 下属对象：商场服务员。

(3) 主要职能：酒店商场是以旅游消费者为中心，根据旅游消费者需求组织货源，以旅游商品、纪念品、日常用品为主。商场经理负责监督商场营业员的服务水准，对商品的采购、销售、成本、利润等负有经营管理的重要责任。

16. 商场员工(Shop Assistant)

(1) 直接上司：商场经理。

(2) 主要职能：酒店商场是以旅游消费者为中心，商场营业员要做到礼貌热情待客、主动周到服务，为宾客购买商品做好"参谋"。

17. 商务楼层经理(Executive Floor Manager)

(1) 直接上司：前厅部经理。

(2) 下属对象：商务楼层主管及下属服务人员。

(3) 主要职能：负责管理并督导下属的工作。

18. 商务楼层主管(Executive Floor Supervisor)

(1) 直接上司：商务楼层经理。

(2) 下属对象：商务楼层服务人员。

(3) 主要职责：负责管理和监督下属工作，安排班次，布置任务；熟悉商务楼层的各种信息、客房状态及客人情况；直接参与接送所有入住商务楼层的客人，为客人提供入住、结账、餐饮及商务服务；处理客人投诉及紧急情况等。

19. 商务楼层服务员(Executive Floor Staff)

(1) 直接上司：商务楼层主管及领班。

(2) 主要职能：熟悉有关商务楼层的各种信息、客房状态及客人情况；为客人提供入住、结账、餐饮、娱乐及商务等服务。

任务单　描述前厅部典型岗位及其职能

一、请根据所学知识在下面的空白处画出酒店前厅部组织结构图。

二、请根据所画组织结构图向组内其他成员介绍前厅部典型岗位及其职能。

任务评价

评价项目	具体要求	评价 ☺	评价 😐	评价 ☹	建议
认识前厅部知识自评	1. 认识前厅部角色				
	2. 了解前厅部作用				
	3. 熟悉前厅部组织结构设置				
认识前厅部任务互评	1. 能顺利描述前厅部角色、作用及组织结构				
	2. 组织结构描述完整、正确				
小组活动教师评价	1. 团队气氛融洽、分工明确				
	2. 所有成员积极参与学习、互相帮助				
	3. 所有成员积极参与任务练习、展示效果好				
总计		个	个	个	总评

在认识前厅部的过程中，我的收获是：

在认识前厅部的过程中，我的不足是：

改进方法和措施有：

单元二

客户预订服务

预订部是前厅为客人提供各类预订服务和进行客房销售的重要部门。客房预订是指在客人抵店前对酒店客房的预先订约。提前预订客房，能够使客人的入住需求有所保障。而对于酒店来说，预订工作能够提高客房出租率，占有更大的客源市场份额，同时还能为预测市场提供重要参考依据。作为预订部员工，应该熟知现代酒店的预订形式、预订种类和工作方法，还应准确掌握客房的种类、房价等相关信息。

工作情境

电话预订是酒店客房预订最常见的一种形式,它方便、快捷、准确性高。酒店前台、预订部、销售部等皆可接受电话预订。在受理预订前,需要做好充分的准备工作,包括准确掌握房型、房价,准备好工作表格,熟悉电话预订工作流程等。现在,预订员准备开始工作了。

具体工作任务

- 掌握房间类型和房价;
- 熟悉工作表格;
- 掌握电话预订流程。

活动一 熟悉房间类型和房价

在预订工作中,为了更全面、更细致地为客人提供服务,为了做好客房销售工作,预订员应充分、准确地掌握本酒店客房的特点、类型及价格等业务知识。下面,请根据信息页来学习酒店客房和房价的相关业务知识。

信息页一 基本客房类型

单人间(Single Room):一般为16~20m² 的房间,房内设一张单人床(Single Bed)或双人床(Double Bed),有卫生间和其他附属设备,房价较低,适合单身客人住用。

双人间(Double Room):房间内设有两张单人床或一张单双两用床,特殊情况下可将两张单人床合为一张大床作为大床间出租,也可在房内加床。可供旅游团体或家庭住用。

标准间(Standard Room):房内设两张单人床,这样的房间适合住两位客人或夫妻同住,我国酒店的大多数客房属于这种类型。

豪华标准间/高级间(Senior Standard Room):房内设两张单人床或一张双人床,房间装修、房内设施等均比标准间档次高,其价格也比标准间高一些。

商务标准间(Business Standard Room):房内设两张单人床或一张双人床,可以上网,以满足商务客人的需求。

行政间(Executive Room)：多为一张双人床，此类型房间单独为一楼层，并配有专用的商务中心、咖啡厅或酒廊等。

普通套间(Junior Suite)：又称双套间或标准套间，由连通的两间或两间以上的房间组成。布局设计为一间是起居室，一间是卧室。卧室内放置一张大床或两张单人床。这种房间功能非常典型，既有休息区又有会客区，适合家庭或商务客人住用。

豪华套间(Deluxe Suite)：又称高级套间，由卧室(配备大号(Queen-size Bed)或特大号双人床(King-size Bed))、会客室、卫生间、厨房、餐厅、书房等部分组成。它的特点不仅在于功能区齐全、完善，还体现在客房内高档豪华的整体装饰及其营造的典雅氛围。豪华套间在酒店总体客房数量中所占比例较低，价格昂贵，适合具备较强经济实力或具有较高身份、地位的客人住用。

组合套间(Combined Type Rooms)：这是一种根据需要专门设计的房间，每个房间都有卫生间。有的由两个对门的房间组成；有的由中间有门有锁的隔壁两个房间组成；也有的由相邻的各有卫生间的3个房间组成。

复式套间(Duplex)：也称立体套房。由楼上、楼下两层组成，楼上为卧室，面积较小，设有两张单人床或一张双人床；楼下设有卫生间和会客室，室内有活动沙发，可以拉开当床。

总统套房(Presidential Suite)：由7~8个房间组成的套间，包括总统卧室、总统夫人卧室、男女卫生间、客厅、书房、会议室、随员室、警卫室、餐厅、厨房等设施，有的还设有室内花园和酒吧。总统套房的装饰与布置要求级别较高，房内一般摆放高级家具、工艺品及古董等。由于造价高、房价高，通常只有四星级或以上的酒店才会有，它也是衡量酒店级别的标志之一。

另外，依据功能和位置，酒店一般还设有残疾人房、内景房、外景房、角房、连通房和相邻房等。

信息页二 房价

酒店有多种房价类型和计价方式。对此，酒店决策者应会同营销部、前厅部、客房部等有关人员认真研究、合理制定。

一、按客源类型和价格性质分类

1. 标准价

标准价又称门市价、牌价，是由酒店管理部门制定的，价目表上明码公布的各类客房的现行价格。该价格不含任何服务费或折扣等因素，以"一晚"或"一夜"为计价单位。

2. 团队价

团队价是酒店提供给旅行社团队、会议团队及航空公司机组人员等团队客人的一种折扣房价。其目的是确保酒店长期、稳定的客源，保持较高的客房出租率。团队价可根据旅行社或其他类型团队的重要性、客源的多少以及淡、旺季等不同情况确定。

3. 商务合同价

酒店与有关公司或机构签订房价合同，并按合同规定向对方客人以优惠价格出租客房。房价优惠的幅度视对方能够提供的客源量及客人在酒店的消费水平而定。

4. 折扣价

折扣价是酒店向常客、长住客、订房客人或其他特殊身份的客人提供的优惠房价。

二、按销售季节特点分类

1. 旺季价

旺季价是酒店在经营旺季所执行的客房价格。这种价格一般要在标准房价的基础上，上浮一定的百分比，有时上浮的比例很大，以求得酒店的最大经济收益。

2. 淡季价

淡季价是酒店在经营淡季所执行的客房价格。这种价格一般要在标准房价的基础上，下调一定的百分比，有时下调的比例很大，以刺激需求，提高客房出租率。

三、按时间段分类

1. 日租金

日租金也叫白天租用价，是酒店为白天到酒店休息，不在酒店过夜的客人，或凌晨入住的客人所提供的房价。白天租用价一般按半天房费收取，所以又称半日价，但也有一些酒店按小时收费。

2. 钟点房价

为了满足客人的短暂住宿和休息需求，许多酒店推出了钟点房。实际上就是客人在酒店停留但不过夜的情况下，以小时为单位计费。

四、其他类型的房价

1. 免房费

为了促进客房销售，建立良好的公共关系，在有些情况下免除客人的房费也是酒店的价格政策之一。这些特殊客人主要包括：社会知名人士、酒店同行、旅行代理商、会议主办人员等。酒店免费提供客房要严格控制，通常只有总经理才有权批准。在跨国集团管理的酒店里，一年里的免费房间一般不超过全年客房出租率的2%。

2. 家庭租用价和加床费等形式的价格

知识链接　　　　　领队的特殊待遇

按行业惯例，酒店一般需对满15名付费成员的团队提供双人间客房的一张免费床位，供团队的领队使用，即所谓"十六免一"。

任务单　介绍酒店客房类型

请向学习伙伴简单介绍酒店房间的基本类型，并试着依据图片判断房间类型。

1. 请向大家介绍酒店客房的基本类型。
_____
_____
_____

2. 依据图片判断房间类型。

活动二 认识客房预订单

在处理预订的过程中，预订员需要及时、准确地记录客人的基本信息和预订要求。信息记录准确与否关系到客人的需求能否最高限度地得到满足，同时，预订的效率和效果也能得到保障。请认真阅读下面的客房预订单，找出完成预订工作所需的基本信息。

信息页 认识客房预订单

如前所述，在宾客预订酒店客房的过程中，预订人员应详细记录相关信息和客人的需求，以保证客人预订的有效性和后续服务的质量。因此，做好预订资料的记录与存档处理是非常重要的。常见的客房预订单(Reservation Form)和在线客房预订页面如表2-1-1～表2-1-3所示，请根据任务单的要求熟悉其中的具体内容。

表2-1-1 客房预订单1

预订日期Date：		预订员Reservationist：	
姓Last Name		名First Name	
客房类型 Room Type		房间数量 Number of rooms	
房价 Room Rate		客人数量 Number of guests	
抵店日期 Arrival Date		离店日期 Departure Date	
电话号码 Telephone		传真 Fax	
特殊需求 Special request	（　）非吸烟房Non-smoking　　（　）大床间King-size Bed （　）双床间Twin Beds		

表2-1-2 客房预订单2

□New Reservation 新预订　　□Amendments 更改　　□On Waiting List 等候　　□Cancellation 取消

Guest Name 客人姓名	No. of Room 房间数量	Room Type 房间类型	No. of Guests 客人数量	Rate 房价	Company Name 公司名称

Original Arrival Date 预计到店时间：
Original Departure Date 原定离店时间：

New Arrival Date 新到店时间：
New Departure Date 新离店时间：

Billings 付款方式与类型：	□Cash 现金　□Credit Card 信用卡　□Check 支票 □ALLC 全付 □RMABF 房价含早餐 □ROOM ONLY 支付房费 □TLX/FAX/LTR/ATTT 已到电传/传真/信件

(续表)

Remarks 备注:	
Name of Contactor 联系人姓名:	
Company Name 公司名称:	
Telephone Number 电话号码:	
Fax/Telex Number 传真号码:	
Taken By 预订员:	
Date 受理日期:	

表2-1-3　在线客房预订页面

房型与房价　　入住日期：□□□□　　离店日期：□□□□

房型	说明	~~门市价~~ 日均价		早餐	床型	宽带	支付方式
豪华单间	含单早(温暖冬季特惠……	券40	~~¥2300~~ ¥906	单早	大/双	收费	到店付款
	不含早 券40	~~¥2300~~ ¥1035		无早	大/双	收费	到店付款
	含单早 券40	~~¥2300~~ ¥1208		单早	大/双	收费	到店付款
豪华双人间	含双早(温暖冬季特惠……	券40	~~¥2507~~ ¥1033	双早	大/双	收费	到店付款
	不含早 券40	~~¥2507~~ ¥1242		无早	大/双	收费	到店付款
	含双早 券40	~~¥2507~~ ¥1587		双早	大/双	收费	到店付款
贵宾单间含单早(温暖特惠……		券40	~~¥5980~~ ¥1481	单早	大/双	免费	到店付款
贵宾双人间含双早(温暖冬季特惠……		券40	~~¥5980~~ ¥1757	双早	大/双	免费	到店付款
行政单人间含单早(温暖冬季特惠……		券40	~~¥4500~~ ¥1251	单早	大/双	收费	到店付款
行政双人间含双早(温暖冬季特惠……		券40	~~¥4980~~ ¥1527	双早	大/双	收费	到店付款

任务单　认识客房预订单

请根据信息页中的客房预订单，说出其中的主要内容，并指出客房预订成功的3个必要条件。

客房预订单所含内容	成功预订的必要条件

活动三 掌握电话预订流程

做好了准备工作，下面就要开始受理客人的电话预订了。掌握正确、规范的工作流程是做好客房预订和销售工作的基础。在开始对客服务前，预订员应先熟悉和掌握受理预订的工作步骤与要求。

信息页一 接受电话预订工作过程

接受客人预订的方式多种多样，其中，电话预订是最常见、最方便的方法之一。通过电话提供预订服务是与客人进行直接沟通，对工作人员具有较高要求。首先，需要工作人员具备扎实的业务知识和能力，时刻保持头脑清醒、思路清晰。在接起电话后，一方面要抓紧时机推销酒店的客房产品，另一方面要按正确的方法和程序完成预订过程。其次，要注意服务语言和电话礼貌用语的使用。

一、接听电话

为了避免客人久等着急，预订员需在电话响起3声之内接听。接起电话后主动问候客人并报出酒店和部门名称。该环节中工作人员一般会使用中、英两种语言进行。

二、明确客人要求

预订员应主动向宾客询问，以获悉宾客的住宿要求和时间要求等基本信息，包括以下4点：①抵店日期；②客房种类；③用房数量；④停留时间。

三、查看预订记录

预订员根据了解到的4个基本信息,查看预订总表或计算机终端,以判断宾客的预订要求是否与酒店的实际提供能力相吻合,进而根据预订记录决定受理或拒绝客人的预订要求。

在此过程中,如客人所需的客房类型已销售完,预订员应适当地推销酒店其他客房产品。如本酒店无法满足客人的订房要求,应向客人推荐其他酒店,以本酒店品牌旗下其他连锁酒店优先,并遵循就近原则、同品牌原则、同档次同规模原则进行推荐。

四、受理预订并填写客房预订单

在电话中,预订员应运用恰当的语言向客人询问包括宾客姓名、人数、国籍,抵离店日期、时间、车次或航班,所需客房种类、数量、房租、付款方式、特殊要求以及预订人姓名(或单位)及地址、电话号码等信息。

五、询问特殊要求

在填写完客人的基本信息和预订信息后,预订员应向客人询问有无客房装饰布置、机场接机等特殊需求,以使服务具有针对性,提高客人的满意度。

六、复述并确认预订信息

为了保证预订工作的有效性,客人的住宿需求能够顺利满足,预订员应在电话中重复客人的预订需求,保证各项信息准确无误。

七、完成预订并记录存档

电话预订内容完成后,预订员应礼貌地与客人致谢、道别,并将该预订记录存档。

信息页二 接受电话预订服务对话

预订员:早上好。这里是海天酒店预订部。请问有什么可以帮助您?
Reservationist: Good morning. Haitian Hotel. Room reservation. How may I help you?
客人:早上好。我想预订一个房间。
Guest: Good morning. I'd like to reserve a room in your hotel.
预订员:没问题,先生。请问您想预订哪种房间?请告诉我您的抵达日期。
R: No problem, sir. Which kind of room would you like? And please tell me your arrival date.

客人：要一个双人间，4月16日入住，21日离店。

G: I'd like a double room from April 16th to 21st.

预订员：好的，我查看一下，请稍等。……是的，先生。可以为您预订当天的房间。双人间每晚680元，可以吗？如果可以，请您提供您的姓名、护照信息和电话号码。

R: All right. Let me check. Please wait a moment. … Yes, sir. We have a room available for those dates. It's 680 yuan per night. May I have your name, passport number and phone number, please?

客人：好的。我叫汤姆·怀特。我的护照号码是×××。手机号码是×××。

G: OK. I'll take it. My name is Tom White. My passport number is ×××. My cellphone number is ×××.

预订员：谢谢您。我给您重复一遍预订信息。

R: Thank you. I'll repeat the reservation detail.

……(略)

客人：对的。谢谢。

G: That's correct. Thank you.

预订员：不客气。期待您的光临。

R: You're welcome. We look forward to your arrival.

任务单　受理客人的电话预订要求

一、回顾本活动环节中的专业知识，试着受理完成电话预订工作，并完成下表。

受理电话预订程序	具体工作内容

二、请根据下面的具体任务条件，试着为客人办理客房预订。

任务条件：李经理(男)与王秘书(男)将代表捷运公司到北京开会，现在王秘书想通过电话提前两周在某酒店订房。在电话中，王秘书特地向预订员强调：李经理年纪较大，喜欢安静；他有早起喝一杯热牛奶的习惯；另外，由于公务繁忙，客房内必须能够上网。作为预订部员工，请按照正确的工作流程和方法为王秘书提供预订服务，并完成下面的客房预订单。

单元二　客户预订服务

Guest Name 客人姓名	No. of Room 房间数量	Room Type 房间类型	No. of Guests 客人数量	Rate 房价	Company Name 公司名称

Original Arrival Date 预计到店时间： Original Departure Date 原定离店时间：
New Arrival Date 新到店时间： New Departure Date 新离店时间：

Billings 付款方式与类型：	□Cash 现金　　□Credit Card 信用卡　　□Check 支票 □ALLC 全付 □RMABF 房价含早餐 □ROOM ONLY 支付房费 □TLX/FAX/LTR/ATTT 已到电传/传真/信件

Remarks 备注：
Name of Contactor 联系人姓名： Company Name 公司名称：
Telephone Number 电话号码： Fax/Telex Number 传真号码：
Taken By 预订员：
Date 受理日期：

任务评价

评价项目	具体要求	评价 ☺	评价 😐	评价 ☹	建议
受理电话预订任务互评	1. 熟悉客房基本类型与房价				
	2. 熟悉预订单内容，能够完整、有效地填写预订单				
	3. 能够根据工作流程和客人要求顺利完成电话预订的受理				
	4. 注重服务礼仪与工作效率				
学生自我评价	1. 学习过程认真，知识掌握效果好				
	2. 能够按照要求完成实际操作练习				
	3. 在各环节中积极参与团队活动，有效发挥自身作用				
小组活动评价	1. 团队合作良好，气氛融洽				
	2. 成员注重团结、协作				
	3. 成员对团队工作都有所贡献				
	4. 对团队的工作成果满意				
总计		个	个	个	总评

(续表)

评价项目	具体要求	评价			建议
		😊	😐	☹	
在本任务的完成过程中,我的收获是:					
在实际操作练习"受理电话预订"时,我的不足是:					
改进方法和措施有:					

任务二 熟悉预订方式和预订类型

工作情境

繁忙的预订部,电话铃声不断,一天的工作又开始了。Maggie接起电话开始为客人提供预订服务,并记录客人的信息与要求;Charlie则开始整理预订传真,并逐一回复。

具体工作任务
- 了解客人的预订渠道及方式;
- 熟悉预订类型。

活动一 了解客房预订的其他渠道和方式

在上一个工作任务中,同学们通过受理预订电话为客人提供了服务。随着现代化通信工具的普及和发展,在日益加快的工作和生活节奏下,人们需要形式多样、方便、快捷的预订方式。在现代酒店企业中,除了电话预订,进行客房预订的渠道和方式还有很多,下面就一起了解一下吧。

信息页一　客房预订渠道

一、客房预订的直接渠道

客房预订的直接渠道是客人或客户不经过任何中间环节直接向酒店订房。客人通过直接渠道订房，酒店所耗成本相对较低，且能对订房过程进行直接有效的控制与管理。

直接渠道的订房方式大致有如下几类。

(1) 客人本人或委托他人或委托接待单位直接向酒店预订客房。
(2) 旅游团体或会议的组织者直接向酒店预订所需的客房。
(3) 旅游中间商，如旅游批发商等，作为酒店的直接客户向酒店批量预订房间。

二、客房预订的间接渠道

对酒店来说，总是希望将自己的产品和服务直接销售给消费者。但是，由于受人力、资金、时间等条件的限制，往往无法进行规模化的有效销售活动。因此，酒店往往利用中间商与客源市场的联系及影响力，利用其专业特长、经营规模等优势，通过间接销售渠道，将酒店的产品和服务更广泛、更顺畅、更快速地销售给客人。

间接渠道的订房方式大致有如下几类。

(1) 通过旅行社订房。
(2) 通过航空公司及其他交通运输公司订房。
(3) 通过专门的酒店订房代理商订房。
(4) 通过会议及展览组织机构订房。

目前，不论是独立的酒店企业，还是连锁酒店或酒店集团，预订网络、航空运输部门所带来的客房预订数量在酒店客源中都占较大比重。如全球分销系统(Global Distribution System)和中心预订系统(Central Reservation System)，将全球各主要航空公司、旅行代理商及连锁酒店、酒店集团的资源进行统一整合和调配，网络成员定期交纳一定数量的年费或按预订数量向网络支付佣金，便可资源共享。

信息页二　客房预订方式

宾客采用何种方式进行预订，受其预订的紧急程度和预订设备条件的影响。因此，客房预订方式多种多样，各有其不同的特点。宾客常采用的预订方式主要有下列几种。

一、电话订房

订房人通过电话向酒店订房，这种方式应用最为广泛，特别是当提前预订的时间较短时，最为有效。其优点是直接、迅速、清楚地传递双方信息，可当场回复客人的订房要求。

二、面谈订房

面谈订房是客户亲自到酒店，与订房员面对面地洽谈订房事宜。这种订房方式能使订房员有机会详尽地了解客人的需求，并当面解答客人提出的问题，有利于推销酒店产品。

与客户面谈订房事宜时应注意以下事项。

(1) 仪表端庄、举止大方，讲究礼节礼貌，态度热情，语音、语调适当、婉转。

(2) 把握客户心理，运用销售技巧，灵活推销客房和酒店其他产品。必要时，还可向客人展示房间及酒店其他设施与服务，以供客人选择。

(3) 受理此类订房业务时，应注意避免向宾客作具体房号的承诺。

三、信函订房

信函订房是宾客或其委托人在离预期抵店日期尚有较多时间的情况下采取的一种传统而正式的预订方式。此方式较正规，如同一份合约，对宾客和酒店起到一定的约束作用。随着现代通信技术的迅猛发展，信函订房已经不再是普通出行者预订酒店的首选方式。

四、传真订房

传真作为一种方便快捷的现代通信术被广泛使用。其特点是：操作方便，传递迅速，即发即收，内容详尽，并可传递发送者的真迹，如签名、印鉴等，还可传递图表。因此，传真已成为订房联系的最常用通信手段。

五、互联网订房

随着现代电子信息技术的迅猛发展，通过互联网向酒店订房的方式正迅速兴起，已成为酒店业21世纪发展趋势的重要组成部分。

1. 通过酒店连锁集团公司的订房系统(CRS)向其所属酒店订房

随着我国酒店业连锁化、集团化进程的加快，不少酒店纷纷加入国际或国内酒店集团的连锁经营。大型的酒店连锁集团公司都拥有中央预订系统，即CRS(Central Reservation System)。随着互联网的推广使用，越来越多的上网宾客开始采用这种方便、快捷、先进而又廉价的方式进行预订。酒店也越来越注重其网站主页的设计，以增强吸引力。

近年来，原先主要采用电话订房方式的酒店大都实现了在互联网上的在线预订。信息全、选择面宽、成本低、效率高、直面客户、房价一般低于门市价等特点使其越来越受到客户及酒店的青睐。

2. 通过酒店官方网站，直接向酒店订房

一些大型酒店均有自己的官方网站，实行全方位的在线订房。虽然这一做法比传统的预订方式更加方便、快捷而且有保证，但对一些中、小型酒店来说一时还难以普及。

3. 专业的旅游预订网站

随着全球旅游业的发展及现代通信技术的迅速更新，旅游者及其他目的出行的客人越来越青睐于自行选择出行的食、住、行方式。许多旅游服务机构通过互联网设立了自己的专门服务网站，从机票、酒店，到景点门票、当地娱乐等皆可通过该网站轻松预订。还有专门预订机票、酒店的网站提供给客人多种选择，常见的国际专业订房网站如"缤客"(Booking)、"安可达"(Agoda)等；国内网站则有"携程""艺龙""去哪儿"等。

六、合同订房

合同订房，即酒店与旅行社或商务公司之间通过签订订房合同，以达到长期出租客房目的的订房方式。

> **任务单　介绍预订酒店客房的渠道与方式**
>
> 请根据所学知识完成下面的表格，并向学习伙伴作简单介绍。
>
> | 客房预订渠道 | 客房预订方式 |
> | --- | --- |
> | | |

活动二　了解客房预订类型

预订是保证客人和酒店利益最大化的协议，一旦协议达成，就具有法律效力。不同类型的预订对于客人和酒店双方的利益保障效力也不尽相同。

信息页　客房预订类型

酒店在接受和处理宾客预订时，根据不同情况，一般将预订分为两种类型。

一、非保证类预订(Non-guaranteed Reservation)

非保证类预订通常有以下3种具体方式。

1. 临时类预订(Advanced Reservation)

临时类预订是指客人的订房日期或时间与抵达的日期或时间很接近，酒店一般没有足够的时间给客人以书面或口头确认的预订方式。这类预订一般能为客人保留房间到预抵日期当天18:00。

2. 确认类预订(Confirmed Reservation)

确认类预订是指客人的订房要求已被酒店接受，而且酒店以口头或书面形式予以确认，从而确保客人的住店需要得到满足的预订方式。

3. 等候类预订(On-wait Reservation)

等候类预订是指酒店在客房订满的情况下，因考虑到有一定的"水分"，如取消、变更等，有时仍按一定数量给予客人以等候订房的预订方式。

二、保证类预订(Guaranteed Reservation)

宾客通过预付订金来保证自己的订房要求，特别是在旅游旺季，酒店为了避免因预订客人擅自不来或临时取消订房而造成损失，要求宾客预付订金(Deposit)来加以保证，这类预订称为保证类预订(也称担保预订)。保证类预订以宾客预付订金的形式来保护酒店和宾客双方的利益，约束双方的行为，因而对双方都是有利的。

预付订金是指酒店为避免损失而要求宾客预付的房费(一般为一天的房费，特殊情况例外)。对如期到达的客人，在其离店结账时予以扣除；对失约客人则不予退还，酒店为其保留住房到第二天中午12时止。对保证类预订的客人，在规定期限内抵达而酒店无法提供房间时，则由酒店负全部责任。

保证类预订在酒店与未来住客之间建立了更牢靠的关系。客人可以通过下列方法进行订房担保。

1. 信用卡

客人在订房时向酒店声明，将使用信用卡为所预订的房间付款，并把信用卡的种类、号码、失效期及持卡人的姓名告知酒店。如客人在预订日期未抵达酒店，酒店可以通过信用卡公司获得房费收入补偿。

2. 预付订金

对于酒店来说，最理想的保证类预订方法是要求客人预付订金，如现金、支票、汇款等酒店认可的形式。预付金可以由预订处收取后交财务部，也可由财务部收取后通知预订处。酒店一般会限定最后变更或取消预订时间，这个时间也是酒店用来判断是否扣除客人预付金的标准。

3. 订立商业合同

订立商业合同是指酒店与有关客户单位签订的订房合同。合同内容主要包括签约单位地址、账号以及同意对因为失约而未使用的订房承担付款责任的说明。合同还应规定通知取消预订的最后期限，如签约单位未能在规定期限通知取消预订，酒店可以向对方收取房费等。

由于各地区、各酒店的实际情况不同，担保方法也不尽相同。有些酒店将其认可的个人名誉担保视为订房担保；有些酒店目前尚无法接受以信用卡作为订房担保，故采取何种有效的订房担保，应视情况而定。

任务单　判断预订类型

一、请对比不同类型的预订，简单说明各类预订之间的区别。

二、请说出在下面的案例中客人采取了何种预订方式。根据具体内容判断属于何种预订类型，并简单说明该类预订的特点。

案例

2018年4月2日，广州某酒店预订部接到了来自山东某进出口公司的电话，对方要求在"广交会"期间预订4个标准间，从4月15日起住4天。几天后，对方按酒店的要求，将1000元订金存入酒店账户。

4月9日下午，公司又打来电话说："对不起，我们原订的4个标准间现因计划有变，不再需要了。我们打算取消预订。"对方的意图很明显——那1000元订金能退吗？

预订员请对方稍等片刻。他放下电话，迅速到计算机中去找预订记录。的确，对方10天前已办过订房手续且订金已入账。今天离预计抵店日期还有5天，按酒店规定，这类情况可退订金。"我们同意取消预订，订金照退。请告诉我贵公司的账号。"挂上电话，预订员便在预订记录上做了取消记号，接着又与财务部联系，退还对方的1000元订金。

分析结果

任务评价

评价项目	具体要求	评价 ☺	评价 😐	评价 ☹	建议
教师评价	1. 熟悉客房预订的渠道和方式				
	2. 能够说出常见的客房预订类型(至少3种)				
	3. 学习自觉性和积极性始终较高				
学生自我评价	1. 能够有效运用互联网等其他手段辅助学习				
	2. 注重与学习伙伴间的交流与互补				
	3. 学习自觉性强,能做到不懂就问				
	4. 全力以赴参与小组工作并发挥了积极作用				
	5. 知识掌握效果好(熟悉预订的渠道、方式和类型)				
总计		个	个	个	总评

在客房预订服务工作中,我的收获是:

在客房预订服务工作中,我的不足是:

改进方法和措施有:

任务三 客人入住前的准备工作

工作情境

除了受理客人的预订要求,Maggie和Charlie等人的工作还包括向已经做了预订的客人发出确认信息等;同时,还要与酒店客房部等相关部门积极联络,做好迎接客人的各项准备工作。

具体工作任务

- 确认客人的预订;
- 帮助客人取消或修改预订;
- 做好客人抵店前的准备工作。

活动一 确认预订

为了确保客人的预订有效，无论客人是通过何种方式在酒店预订了房间，酒店在受理了客人的预订需求后都应在后面的阶段做好跟踪服务，以确保客人能够按时顺利入住，同时使酒店的经济效益得以实现。

信息页 确认预订

在完成预订后，预订员会按照宾客希望或预先确定的方式用电话、传真、手机短消息或电子邮件发送确认件，只有在这一环节完成后，客人的订房才算得到最终确认。确认预订的方式一般有：口头确认、书面确认和短信确认等。通常使用书面确认，如邮寄、传真回复确认书等。口头确认一般只用于客人订房时间与抵店时间很接近时。无论是口头确认还是书面确认，都必须向客人申明酒店规定的抵店时限。

一、口头确认

口头确认即通过电话确认。预订员应根据受理预订时记录的客人需求向客人作出认可和承诺。

二、书面确认

在预订完成后，预订员可采用信函、传真、电子邮件等书面形式向客人发出确认。书面形式的确认内容更具体，包括客人的预订需求、房价、押金、抵离日期、变更及取消预订、付款方式等信息。书面确认实际上是酒店与客人之间达成的一种协议，具有法律约束力，保证了交易双方的利益，规定了酒店和客人各自享有的权利和需履行的义务。书面确认传真及信函如表2-3-1、表2-3-2所示。

表2-3-1 传真确认预订表

填写(预订员)：
用途：确认客人传真预订的复函
联数：一式一联，发传真至订房人后，将原稿作预订资料存档

ADD:		TEL:		FAX:	
TO 发往			DATE 日期		
NAME 收件人			FAX NO. 传真号		
FROM 发件单位			TOTAL PAGE 共几页		

(续表)

RE
关于：_____
WE ARE PLEASED TO COMFIRM THE RESERVATION AS FOLOLOWS：
我们非常高兴确认你如下预订内容：
(1) NAME OF GUEST(S)
　　客人姓名：_____
(2) NUMBER OF PERSON(S)
　　人数：_____
(3) ARRIVAL DATE　　　　　FLIGHT NO.
　　到达日：　　　　　　　　航班号：
(4) DEPARTURE DATE　　　　FLIGHT NO.
　　离店日：　　　　　　　　航班号：
(5) ACCOMMODATIONS
　　房数及房类：
(6) RATE PER NIGHT　　　　＋%SERVICE CHARGE
　　房费：　　　　　　　　　＋%服务费
REMARKS
备注：

　　　　　　　　　　　　　　　　　　　　　　DEPARTMENT
　　　　　　　　　　　　　　　　　　　　　　部门_____

表2-3-2　房间预订确认函(Reservation Confirmation Letter)

Thank you for choosing×××，We are pleased to confirm the following reservations：
感谢您选择下榻×××酒店，我们非常荣幸为您确认以下预订：

Guest Name/宾客姓名：
Confirmation No./确认号码：
Arrival/Flt/ETA/到达日期：
Departure/Flt/ETD/离店日期：
Accommodation/房数/房类：
Daily Rate/房价：　　　　　NET/R.N×
Payment Method/付款方式：
Special Requests/特别要求：
Remarks/备注：

HOTEL CHECK IN TIME AND CHECK OUT TIME/酒店入住及退房时间
Hotel check-in time is 14:00 local time，and check-out time is 12:00。
酒店的入住时间为当地时间下午2点钟，退房时间为当地时间正午12点钟。
Any reservations need to be guaranteed by credit card and any cancellations need to be informed one day in advance. Otherwise one night will be charged automatically from the credit card. Taking into consideration the room availability, please make your reservation accordingly.
预订需以信用卡支取一晚的房费作为担保。取消预订需在入住前7天通知酒店。订房不到将收取一晚的房费作为取消费用。
Kindly be advised that room will be released at 18:00 prior to day of arrival without further notify.
敬请知悉：任何不提供担保的客房预订将于入住当日18:00点前自动取消。

地址：　　　　　　　　　　　邮编：
Tel/电话：　　　　　　　　　 Fax/传真：

书面确认与口头确认相比有如下优点。

(1) 能复述客人的订房要求，使客人了解酒店是否已正确理解并接受了其订房要求，让客人放心。

(2) 能申明酒店对宾客承担的义务及有关变更预订、取消预订和其他有关方面的规定，以书面形式确立了酒店和客人的关系。

(3) 能验证宾客所提供的个人情况，如姓名、地址等。因此，持预订确认书的客人比未经预订、直接抵店的客人在信用上更可靠，大多数酒店允许其在住店期间享受短期或一定数额的赊账服务待遇。

三、短信确认

为了提供更方便的服务，许多酒店或酒店预订专业网站简化了预订确认的方式和手续。短信确认订房信息也是现在较为常见的书面确认方式。这种方式也能够作为预订的凭证，但在一定程度上还存在信息安全隐患、不确定性高等方面的缺陷。

> **任务单　确认预订方式**
>
> 请思考下面几种预订形式应分别采用哪种确认方式，在后面的括号中注明，并说明原因。
>
> 1. 网络预订(　　　　　　)
> 原因：_____
> 2. 电话预订(　　　　　　)
> 原因：_____
> 3. 信函预订(　　　　　　)
> 原因：_____
> 4. 电子邮件预订(　　　　　　)
> 原因：_____

活动二　预订的变更

在实际工作过程中，会由于各种原因导致客人临时作出预订变更的决定，订房员除应预先将酒店的相关规定与政策告知客人外，还应按照规范针对客人的具体要求完成预订变更手续的办理。

信息页 预订的变更

一般情况下，预付及担保类预订在规定时间前修改或取消，不扣除房费。但如果超过最晚修改及取消时间办理修改或取消预订则会扣除相应的房费(一般为一晚的房费)，以确保酒店利益不受损。预订时，预订员会告之客人最晚取消时间；预订确认时也会通过书面传真或电子邮件的方式告知客人最晚取消时间，以提醒客人注意。预订变更表如表2-3-3所示。

表2-3-3　预订变更表

姓名		预订编号			
地址			电话		
公司			联系人		
更改日期					
抵店日期			离店日期		
住店人数		住店夜数			
预订房间类型		房间数量		房价	
预付订金		结账方式			
备注：					

一、预订变更

预订变更包括两层含义：修改和取消。具体是指客人在抵店前由于某种原因需要对已作的预订提出更改或补充要求，有时，也可能取消预订。按规定，在酒店规定的最晚修改和取消时间前提出的变更要求都可以正常办理，不需要收取费用。但如果超过了规定时间，酒店就有权从预付金中扣除相应的费用。

二、预订变更的受理

1. 修改预订

客人提出修改预订的要求后，预订员应查看相关记录，判断客人的需要能否被满足。如果可以，除进行信息修改并记录外，还应再次与客人核对，确认变更后的信息；如果客人的需求无法满足，则应与客人进一步沟通、协调，适时地向客人推销酒店的其他客房产品。

2. 取消预订

受理客人提出取消预订的要求时，预订员应保持礼貌、耐心的服务态度，不应让客人察觉出丝毫的不满或不耐烦。恰当的受理过程能够巩固酒店的客源市场。取消预订的具体操作应包括将预订单上加盖"取消"(Cancelled)印章，并在备注栏内注明取消日期、原因、受理人等信息，在电脑以及预订控制表中将其注销。

> **知识链接** No-show Guest
>
> "No-show Guest"是指未按照预订日期入住酒店且没有按约定在最后取消时间前通知取消预订的客人。这种情况下，前台会与客人或相关单位联系，如果取消则通知预订部，并按酒店具体规定执行违约金的收取；如果不取消，则为客人保留房间一天。

> **任务单　受理预订变更**
>
> 请以小组为单位，根据任务条件进行为客人变更预订服务的练习与展示。
>
> **任务条件**：预订部接到××公司李先生的电话，由于公司会议推迟了两天，之前预订的于2018年12月15日入住的商务单人间需要在时间上作调整。同时由于出差人数增加，他希望酒店能为他安排一个商务标准间。
>
> 预订变更表
>
> | 姓名 | | 预订编号 | | | |
> |---|---|---|---|---|---|
> | 地址 | | | | 电话 | |
> | 公司 | | | | 联系人 | |
> | 更改日期 | | | | | |
> | 抵店日期 | | | | 离店日期 | |
> | 住店人数 | | 住店夜数 | | | |
> | 预订房间类型 | | 房间数量 | | 房价 | |
> | 预付订金 | | 结账方式 | | | |
> | 备注： | | | | | |

活动三 客人抵店前的准备工作

客人抵店前的准备工作看似由客房部和前台来完成的，其实不然。预订部员工的参与也是顺利做好接待准备的重要保证之一。

信息页　客人抵店前的准备工作

一、预订的核对

由于客人会因为各种原因提出预订的修改、补充或取消等要求，预订部工作人员应密切注意各种情况的变化,认真、反复地核对已确认的每个预订,进而保证预订的准确性和理想的租房率。对于大型团队或会议客人,由于提前预留客房和离店后闲置的客房数量都会很多,因此,核对次数应更多,核对内容应更加细致,避免由此出现问题给酒店带来经济损失。

二、具体准备工作

预订部是最先了解客人入住需求的部门,也是在客人入住前了解客人信息最多的部门。所以,预订部应及时、细致、无误地向相关部门提供信息,协助其他部门根据接待计划,对不同类型、不同身份和不同需求的客人提供有针对性的服务。由此可见,尽管不与客人见面,预订部的参与也直接关系到酒店对客服务的质量和水平,具体准备工作如下。

1. 预先分房

按客人的订房要求和接待标准,提前为已确认预订的客人分配房间、确定房号。必要时,将修改或补充需要通知到相关部门。

2. 通知相关部门,实施具体接待计划

在客人抵店的前一天,将各项接待工作以通知单的形式送达相关部门。如通知礼宾部派出机场代表及车辆,将果篮、鲜花摆放等特殊要求通知前台等。

任务单　客人抵店前的准备工作

请根据任务一活动三中的预订单内容在下面的空白处列出所需进行的客人到店前的准备工作,并进行情境模拟操作练习。

任务评价

评价项目	具体要求	评价			建议
		☺	😐	☹	
学生自我评价	1. 确认预订并认真核对预订信息				
	2. 能够根据客人要求完成预订的变更或取消				
	3. 与相关业务部门提前沟通、协调				
	4. 注重对客服务礼仪和与相关部门沟通时的操作要求与规范				
小组成员互评	1. 能够为团队学习与练习提供有效的建议和想法				
	2. 能够与其他成员融洽相处、合作				
	3. 能够始终积极参与知识学习与任务练习				
	4. 知识掌握与技能掌握效果好				
总计		个	个	个	总评

在客人入住前的准备工作中，我的收获是：

在客人入住前的准备工作中，我的不足是：

改进方法和措施有：

单元三

前台接待服务

前台接待处通常位于酒店的前厅，其主要任务是负责客人接待和客房销售，是前厅服务与管理的中枢。通过本单元的学习与训练，希望能达到如下要求：熟练办理入住登记的各种手续；能够针对不同宾客制定用房预分方案；能够通过计算机系统控制与调节客房状况；善于处理服务中的客人投诉与管理事务。

任务一 散客入住登记手续的办理

工作情境

酒店不同、客人类别不同，入住登记的程序亦有可能不同。通常情况下，可将前台入住登记分为散客入住登记、团队入住登记和VIP入住登记。在办理登记手续前要熟悉办理登记手续的意义及流程，掌握相关表格的使用，最终能够熟练地为客人办理入住登记手续。

具体工作任务

- 了解入住登记手续；
- 认识工作表；
- 掌握散客入住登记办理流程；
- 熟练进行散客入住登记服务。

活动一 了解入住登记手续

在前台接待服务的整个过程中，若要以最快的速度为客人提供最优质的服务，前台接待人员就要了解办理登记手续的相关知识，熟悉办理登记手续的步骤。

信息页 为什么要办理入住登记手续

一、酒店前台接待处的工作职责

酒店前台接待处的人员一般配备有主管、领班和接待员，其主要职责如下。

(1) 安排住店宾客。

(2) 办理入住登记手续，分配房间。

(3) 积极推销、出租客房。

(4) 协调对客服务，掌握客房出租变化。

(5) 掌握住客动态及住客资料。

(6) 正确显示客房状态。

(7) 制作客房营业月报表。

二、酒店前台办理登记工作的目的

(1) 办理入住登记手续是我国公安管理部门的要求。出于国家及公众安全的需要，各国警方及公共安全部门都要求酒店在客人入住时履行住宿登记手续。

(2) 可以有效地保障酒店利益，防止出现逃账。

(3) 入住登记是酒店取得客源市场信息的重要渠道。住宿登记表中有关客人的国籍、性别、年龄以及停留事由(商务、旅行、会议等)等都是酒店客源市场的重要信息。

(4) 入住登记是酒店为客人提供服务的依据。客人的姓名、房间号码、家庭住址、出生日期、民族等都是酒店为客人提供优质服务的依据。

(5) 入住登记可以保障酒店及客人生命、财产的安全。通过住宿登记，查验客人有关身份证件，可以有效地防止或减少酒店不安全事故的发生。

三、入住登记操作过程中的5个重要概念

(1) 收集资料。酒店可在入住登记过程中收集有关宾客的信息，如预期离店日期、支付方式及个人背景资料等。

(2) 分房定价。分配客房及确定房价。

(3) 信用限额。酒店可根据宾客付款方式及酒店信用限额制度，确定宾客享有信用的额度。

(4) 供房计划。酒店根据可供房状况、宾客预期离店日期，最大限度地销售客房。

(5) 控制流量。通过登记程序调节和控制酒店分房与定价过程。

知识链接　　　　　　酒店管理系统

在现代酒店企业中，业务量不断加大，管理工作的难度也不断增加。随着科学技术的飞速发展，早在上世纪90年代，国际上各行各业已将计算机技术应用到企业管理中。为了确保各项工作正确、高效地开展，越来越多的酒店引进了基于计算机技术和互联网的酒店管理系统软件。目前，由我国本土公司研发的酒店管理系统软件不胜枚举，如用友、千里马、西软、上软等。另外，由于业务繁忙、管理要求高等特点，现在大多数四星级或五星级酒店使用Fedelio或其升级版Opera管理系统，其内容丰富、功能强大，能够切实有效地满足四、五星级酒店的业务管理需求。

任务单　了解入住登记手续

一、前台接待人员应该担负哪些职责？

二、以小组形式介绍学习办理登记手续的意义。

三、和小组同学交流讨论酒店不可以接待哪些客人。

活动二　认识入住登记表

办理入住手续是酒店向客人提供服务的前提，也是客人入住酒店后享有各项服务及权利的保证。在这一环节中，入住登记表存在的意义事关重大。它既是客人购买服务、享受服务的合法有效凭证，也是酒店向客人提供服务的工作依据和"合同书"。

在帮助客人办理入住手续的过程中，工作人员需要准确、高效地填写工作表格，让客人体验方便、快捷的服务。那么，这些表格里究竟包含哪些内容？该如何填写？

信息页　入住登记表(如表3-1-1～表3-1-3所示)

表3-1-1　国内旅客入住登记表

序号：		房租：			接待员：				
姓名		年龄		性别		籍贯 省　　市 区　　县		工作单位	职业
地址						从何处来			
身份证或其他有效证件名称						证件号码			
抵店日期						离店日期			
同宿人	姓名		性别		年龄		关系	备注	

请注意： 1. 退房时间是中午12:00 2. 贵重物品请存放在收款处之免费保险箱内 3. 阁下一切物品之遗失，酒店概不负责 4. 来访客人请于23:00前离开房间 5. 房租不包括房间的饮料	离店时我的账目结算将支付： □现金 □信用卡 □支票 □旅行社凭证 客人签名：

一般而言，酒店入住登记表包括客人的个人基本信息、房间信息、结算信息以及酒店入住政策、注意事项、备注信息等几个部分。最后，登记表上必须有客人的签字确认以及工作人员的信息。

表3-1-2 境外旅客入住登记表
(REGISTRATION FORM OF TEMPORARY RESIDENCE FOR VISTORS)

日租(DAILY RATE):		房间号(ROOM NO.):	
姓名： FIRSTNAME: SURNAME: MIDDLENAME:	出生日期： DATE OF BIRTH:	性别： SEX:	国籍或籍贯： NATIONALITY NAME OR AREA:
停留事由： OBJECT OF STAY:	入住日期： DATE OF ARRIVAL:	退房日期： DATE OF DEPARTURE:	公司名称或职业： COMPANY NAME OR OCCUPATION:
国(境)外地址： HOME ADDRESS:			
注意事项： PLEASE NOTE: 1. CHECK OUT TIME IS 12:00 NOON 2. VISITORS ARE REQUESTED TO LEAVE GUSET ROOMS BY 11:00PM 3. ROOM RATE NOT INCLUDING BEVERAGE IN YOUR ROOM		离店时我的账目结算将由： ON CHECKING OUT MY ACCOUNT WILL BE SETTLED BY ☐CASH ☐T/A VCHER ☐CREDIT ☐COMPANY GUEST SIGNATURE:	
以下由服务员填写FOR CLERK USE			
护照或证件名称：	号码：	签证种类：	签证号码：	签证有效期：
签证签发机关：	入境日期：	口岸：		接待单位：
备注Remarks:			
值班服务员签名： CLERK SIGNATURE:			

为确保提升服务效率，减少客人等候时间，通常入住登记表的部分内容由电脑生成。有预订的客人系统内已有大部分信息，无预订的客人现场入住时由前台接待员将信息代为输入电脑，这样，表格的大部分内容输入电脑后直接打印，只需客人确认无误后签字即可。

表3-1-3　团队入住登记表

团队名称：　　　　　　入住日期：　　　　　　离店日期：
入境日期：　　　　　　入境口岸：

序号	姓名	性别	出生年月日	国籍	护照号码	签证号码	签证签发机关	签证种类	签证有效期	序号	备注
1											
2											
3											
4											
5											
…											
15											

接待单位(盖章)：　　　　　　　　　　　　　　　　经办人：

任务单　熟悉入住登记表

请认真阅读信息页中的例表，摘录出国内旅客入住登记表、境外旅客入住登记表和团队入住登记表中应填写的内容项目。

1. 国内旅客入住登记表。

2. 境外旅客入住登记表。(可用英语填写)

3. 团队入住登记表。

活动三　散客入住登记服务

做好了准备工作，就要学习怎样受理散客入住酒店的登记了。能掌握正确、规范的工作流程是做好酒店客人入住登记工作的基础。现在，就让我们来看看散客入住登记的工作过程是怎样的。

信息页一　散客入住登记办理流程

散客指的是未经组织的、零散的客人，多以商务、旅游、探亲等为出行目的。随着全球经济、交往的日益发展以及国内人民物质文化生活水平的不断提高，国内外散客占酒店等旅游服务业接待客源的比例越来越高，也由此产生了散客入住登记程序的不确定性、灵活性和复杂性。为了能更好地为客人服务，熟练掌握其服务流程是非常必要的。

散客入住登记流程分为以下几个步骤。

一、问候客人

客人走近前台大约2m时，前台接待员应目视客人，微笑并向客人致意。假如接待员正在接打电话，应该向电话里的客人道歉"请您等一会儿"，然后问候刚抵达的客人"先生(女士)，我马上为您服务"。

二、确认客人有无预订

在问候客人并明确了客人的入住需要后，前台接待员应先问清客人是否已经提前进行预订。对于有预订的客人，接待员应立刻问清预订人姓名，进行查询并与客人确认订房信息。若客人没有预订，则应针对客人要求向其推销相应的客房产品。

1. 客人已经预订过房间

接待员应迅速查阅"次日抵店客人一览表"或计算机打印的"预期到店表"，并复述其订房的主要内容，尤其是客人所订房间种类、住店夜次；待客人确认后，再请客人填写登记表；对携带订房凭证的客人，接待员应礼貌地请其出示订房凭证正本，然后注意检查下列内容：订房凭证发放单位印章、客人姓名、酒店名称、住宿天数、房间种类、用餐安排、抵离日期等。

2. 客人未经预订而直接抵店

应首先询问客人的住宿要求，同时查看当天的订房状况即可住房情况，以判断是否能满足客人的要求。若能提供客房，则请客人登记有关内容，准备排房；若不能提供，则应设法为客人联系其他酒店，给客人以耐心细致的帮助，以留下深刻印象。

三、信用验证

1. 优惠客人的信用验证

总经理有权对重要客人或有影响的客人给予优惠：受优惠的客人无须在前台验证，通常由公关人员陪同进房间登记。登记时，公关人员要灵活查验客人的身份。

2. 散客验证

散客主要验证护照和身份证，确认付款方式，如果使用信用卡付费，还要验证信用卡的签发日期、地点，并通过POSE机刷信用卡向发卡银行要预授权。对无预订散客应有严格的验证手续。

四、登记

对于有预订的散客，由于酒店在客人订房时就已掌握其部分资料，因而在客人抵店前，已将有关内容打印在登记表中，形成预先登记表，并预先按客人姓名的字母顺序排列在专用箱内；客人抵店后，即可根据姓名迅速查找客人的预先登记表，请其填写其他相关内容并签名，经核对证件后，就完成登记了。

五、排房、定价

应根据客人的不同需要及酒店的具体情况，给客人安排合适的房间，并给予相应的房价。

(1) 为提高酒店的租房率和客人的满意度，客房分配应讲究一定艺术。

① 尽量使团队客人住在同一楼层或相近楼层，便于团队客人的联系和管理。而且团队离店以后，亦便于将大量空房安排给下一团队。

② 一般散客怕受干扰不愿意与团队客人住在一起，因此，团队客人要提前分好房间或预先保留房间。

(2) 对于老人、残疾人、带小孩的客人，应尽量安排在离服务台或电梯近的房间。

(3) 把内宾和外宾分别安排在不同楼层。内宾和外宾有不同的语言和生活习惯，因此，分配不同的楼层，便于服务和管理，也可提高客人的满意度。

(4) 对常客和有特殊要求的客人予以照顾，不要把敌对国的客人安排在同一楼层或相近房间。

(5) 注意房间号忌讳，如西方客人忌"13"，我国港澳地区的客人忌"4"等。

六、预付账处理

(1) 用信用卡结账，要确认卡的完好程度、有效期、信用额度等。

(2) 对于现金结账，应根据酒店要求的订金政策，判断是否要预先付款，再根据客人交付的数额，决定信用额度。

(3) 客人办理入住手续时，前台会要求客人缴纳一定金额的预付款，或称为押金。如客人使用信用卡，酒店则会通过刷卡取得一定金额的预授权，即冻结宾客卡中的这部分款项，待消费结束后从中进行实际扣除；如客人使用现金，则按规定当场收取。一般标准为:(每晚房费+杂费)×入住天数。

七、完成入住登记手续

一切手续完成后,将客房钥匙交给客人。有些酒店还向客人提供用餐券、免费饮料券、宣传资料等。安排行李员运送客人行李,祝客人入住酒店愉快。

八、建立相关表格资料

(1) 将资料输入计算机。

(2) 进行客房状态变更。

(3) 制作客人账单。

知识链接 入住登记证件

在前台办理入住登记时,客人通常可出示以下有效证件:护照、签证、身份证、军官证、士兵证等。有些地方的酒店也接受港澳台同胞使用相应通行证办理入住登记手续。在查验证件时,要注意证件有无涂改、伪造;核对照片是否与持证人相符;证件的有效期、入境日期和入境口岸等。另外,应注意的是,在递接证件时,应用双手,查验完毕归还证件时,应礼貌地称呼客人,并向客人表示感谢。下面是客人入住时所持的常见证件类型。

境内公民身份证

台湾同胞大陆通行证

境外宾客所持护照1

境外宾客所持护照2

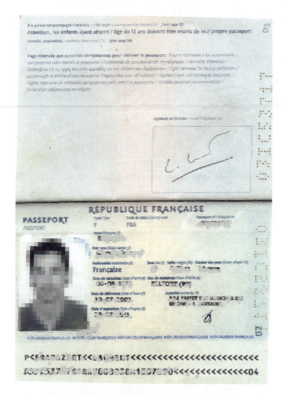

护照首页

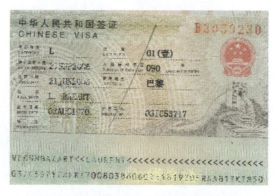

我国公安部门签发给来华外国人的入境签证

信息页二 散客入住登记办理服务对话参考

前台接待员：早上好，女士。欢迎来到我们酒店。请问有什么可以帮您的？

Receptionist: Good morning, madam. Welcome to our hotel. How may I help you?

客人：早上好。我在你们酒店预订了房间。我叫玛丽·布朗。

Guest: Good morning. I have a reservation in your hotel. My name is Mary Brown.

前台接待员：好的，布朗女士。您稍等，我查看一下预订记录。……是的，我们有您的预订。您订了一个带浴室的单人间。请您把护照给我，给您办理登记手续。

R: All right, Ms. Brown. Just a second, let me check the reservation list. ... Yes, we have your reservation. You've reserved a single room with bath. May I have your passport for registration?

客人：当然，给。

G: Sure. Here you are.

前台接待员：谢谢。您如何结算？

R: Thank you. How would you like to pay?

客人：信用卡结账。

G: By credit card.

前台接待员：这是入住登记表，布朗女士，请您核对后在这里签字。

R: Here is the registration form, Ms. Brown. Please check it and sign your name here.

客人：没有问题。谢谢。

G: That's totally correct. Thank you.

前台接待员：不客气。这是您的房卡，您的房号是2306，在三层。

R: You're welcome. This is your room card. Your room number is 2306. It's on the 3rd floor.

客人：好的。

G: OK.

前台接待员：还有什么其他需要吗？

R: Is there anything else I can do for you?

客人：没有了。谢谢。

G: No, thanks.

前台接待员：行李员会带您去房间。希望您入住愉快。

R: The bellman will show you to the room. Hope you'll enjoy your stay with us.

任务单　散客入住登记服务

一、请回顾本活动环节中的知识，填写散客入住登记的工作流程。

程序	具体工作内容

二、请根据散客入住工作流程在下面的任务条件中任选一个，练习为客人提供入住登记手续的办理，并分小组展示。

任务条件1： 李先生和其秘书王浩于2018年12月17日抵京参加总公司年会。二人已经以王浩的名字预订了一个商务标准间，请协助其办理入住手续。

任务条件2： 到中国旅游的英国夫妇乘坐出租车来到酒店，随身携带两个行李箱，没有预订，请以最快的速度、最合理的方法为客人办理入住登记手续。

任务评价

评价项目	具体要求	评价			建议
		☺	😐	☹	
入住登记服务自评	1. 熟悉入住登记手续的办理流程及意义				
	2. 熟悉入住登记表的填写内容与要求				
	3. 能够独立完成散客入住登记手续的办理				
任务展示组间互评	1. 能够独立完成散客入住手续的办理				
	2. 工作流程完整、标准				
	3. 服务意识强，符合服务规范				
	4. 入住登记表填写正确				
小组活动教师评价	1. 组内分工明确，学习与练习效率高				
	2. 成员间配合默契、气氛融洽				
	3. 所有成员均参加学习与练习，展示效果好				
总计		个	个	个	总评

在散客入住登记服务中，我的收获是：

在散客入住登记服务中，我的不足是：

改进方法和措施有：

单元三 前台接待服务

任务二 团队入住登记服务

工作情境

前台几乎每天都要为到店的团队或会议客人提供入住手续的办理服务。按照具体的接待要求，工作人员已经将登记表交给陪同或会务组的人员，以便团队、会议客人在抵店途中或抵达酒店后，在会务组人员的带领下，在大堂的指定区域办理入住手续。

具体工作任务
- 比较不同的团队客源类型及其特点；
- 掌握团队入住登记办理流程；
- 熟练完成团队入住登记服务。

活动一 了解客源

酒店产品中最重要的就是高质量地为客人提供服务，而且，与不同类型的客人进行良好的沟通是服务的前提和基础。不同的文化背景、不同的生活环境，造就了不同的性格。在实际服务中，前台工作人员能真切地体会到有的客人宽容友好，有的客人挑剔刻薄，有的客人大方潇洒，有的客人固执任性；这就要求服务人员充分了解客人的心理特点，灵活应对。如果前台工作人员对所有客人都只是机械地微笑、木然地问候，以千篇一律的语气去服务，那么，服务就没有灵活可言，就没有特色可讲，也就失去了服务的真正意义。那么，怎样才能做到服务的"八面玲珑"？怎样向客人提供适合其"口味"的服务，博取客人的最大满意度呢？应该说：了解客人最为重要。

信息页 不同的团队客源类型及其特点

1. 以旅游为主要目的的国外大型团队

这是酒店的主要客源之一，通常由学生、新婚夫妇、老人等团体组成。他们所关心的是异国风情，因而对酒店的服务及设施并不十分挑剔。对此类客人稍加关注，他们就会十分满意。

2. 各国政府官员团队

服务时要更加注意自身的言行，特别是礼节性的语言，因为此时服务人员代表的不仅仅是酒店的形象，还代表了国家形象和国民素质。同时，涉及政务接待还需要特别注意提升服务中的保密和安全意识。

3. 国外商务团队

此类客人多以商务往来、会议等为主要目的，从某种意义上来说，与其沟通是对服务水平与自身素质的挑战。此类客人以经商为主，在他们心中，"时间就是金钱"的观念根深蒂固。如果服务人员的服务稍有怠慢或疏漏，便极易造成客人的不满。所以在为此类客人服务时，一定要快捷，努力加强自身的学习，了解相关背景资料，要充满自信、不卑不亢，送上甜美的微笑，提供周到的服务。

4. 国内旅游团队

国内旅游团是许多酒店的主要客源来源。构成旅游团的客人具有多样化的特点，对接待服务要求较高。其特点是对房价和软硬件要求均较高，容易产生抱怨与投诉。

接待团队客人既是对服务人员个人素质与服务能力的挑战，也是对其耐心、信心与恒心的测试。因此在服务时，更要小心谨慎、热切关注，沟通时多说，服务时多做。

任务单　了解客源

以小组为单位讨论完成下面的问题，并派出代表面向全体进行解释说明。

1. 归纳总结不同的团队客源类型主要有哪些。
2. 如何针对不同的团队客源类型进行服务？(可设计不同的场景和角色加以说明)

活动二　团队入住服务

在团队客人抵店前，要做好相应的准备工作；在团队客人抵店时的接待服务过程中，要做到热情、礼貌、快速、准确。服务人员首先要准备好团队入住登记表(Registration Form of Temporary Residence for Group，如表3-2-1所示)，同时要掌握团队入住的基本程序。

一、团队入住登记表

表3-2-1　团队入住登记表

团队名称：　　　　　　　　　　　　　　国籍：
Name of group:　　　　　　　　　　　　Nationality:
日期：＿＿＿＿年＿＿＿＿月＿＿＿＿日至＿＿＿＿年＿＿＿＿月＿＿＿＿日
Date: Year ＿＿＿ Mon ＿＿＿ Day ＿＿＿ Till Year ＿＿＿ Mon ＿＿＿ Day ＿＿＿

房号 Room No.	姓名 Name in full	性别 Gender	出生年月日 Date of Birth	职业 Occupation	国籍 Nat.	护照号码 Passport No.

来自：	下一目的地：
领队：	陪同：
留宿单位：	接待单位：
入店行李件数：	离店行李件数：
备注：	
经办人：	日期：

二、团队入住登记办理流程(如图3-2-1所示)

团队客人抵店时，大堂副理及销售部的联络员一同礼貌地把团队客人引领至团队接待处，并向客人表示欢迎和问候

团队联络员告知团队领队及客人有关事宜，其中包括：早、中、晚餐地点及酒店其他设施接待

接待人员与团队领队、导游进一步核查、确认房数及特殊服务安排。经确认无误后，团队领队及接待人员要在"团队入住登记表"上签字认可

将团队客人的房卡、钥匙交于团队领队，由其分发给客人

手续完毕后，前台接待人员要将准确的房号、名单送到行李部

将团队接待单或相关服务要求送至有关部门，同时制作团队账单及个人消费要求分账单，送至收银处

图3-2-1　团队入住流程

任务单　团队入住服务

请根据所学的服务流程，结合下面的任务条件以小组为单位完成团队登记表，为客人提供入住登记服务，并分组展示。

任务条件：到中国旅游的德国某州立中学的学生团队18人、教师2人、全陪1人，乘坐机场大巴由导游小王陪同到达酒店投宿，每人随身至少携带一个行李箱，有预订。请以最快的速度、最合理的方法为该团办理好入住登记手续。

任务评价

评价项目	具体要求	评价 😊	评价 😐	评价 ☹	建议
团队入住知识自评	1. 熟悉主要客源类型				
	2. 熟悉团队入住登记服务流程及工作表				
团队入住服务任务互评	1. 能够顺利完成团队入住服务				
	2. 能够正确、完整地填写工作表				
	3. 服务流程完整、标准				
	4. 服务意识积极主动、符合服务礼仪规范要求				
小组活动教师评价	1. 团队气氛融洽、分工明确				
	2. 所有成员积极参与知识学习，效果好				
	3. 所有成员积极参与任务练习，展示效果好				
总计		个	个	个	总评

在团队入住登记服务中，我的收获是：

在团队入住登记服务中，我的不足是：

改进方法和措施有：

任务三 客人入住后要求换房

工作情境

客人入住酒店后,可能会由于某种原因,对已安排的房间不是很满意,如因酒店的设施设备出现了问题等,这时就有可能出现新的工作任务,即换房服务,这是比较难处理的事情。接待员首先要知道客人为什么要求换房,其次是要在不违反原则的基础上,按照换房的工作流程,尽量为客人提供换房服务,以满足客人的要求。换房的基本标准就是:迅速、准确。

具体工作任务

- 了解客人的需求;
- 熟悉换房工作流程,为客人提供换房服务。

活动一 了解客人的需求

有时酒店会因为客房的维修保养或预留客房的需要而向客人提出换房的要求;有时客人会因为客房的舒适程度、价格、住店人数发生变化等原因而要求换房。一般来说,只要酒店还有客人要求的客房,换房工作便可顺利进行。但对于一些特殊要求,应针对具体情况妥善处理。

信息页 换房的原因

一、酒店要求客人换房

在某些特殊情况下,酒店可能会要求客人换房。常见原因,如设施设备突发问题、需要执行特殊接待任务、出现突发事件等。酒店提出的换房要求可能会引发客人的抵触情绪,处理时要特别谨慎。

(1) 提前为客人准备一间同类型房间或更好的房间。

(2) 向客人解释换房的原因。

(3) 向客人介绍准备调换的客房状况,必要时可请行李员或客房服务员带客人看房。

(4) 确定后，更改钥匙及欢迎卡，交行李员连同换房通知单一起送上楼层交给客人，取回原来的钥匙及欢迎卡。

(5) 填写一式四联接待处通知书，请领班或大堂副理签批，并由行李员分别派送至房务中心和总机，接收部门应在接待处通知书上签字，以确认换房信息收到，总机留存第三联，并相应做好电话开关，房务中心留存第四联。

(6) 接待处通知书第一联由接待员存档，并相应更改电脑资料，第二联由收银处将其附在账单后。

(7) 酒店要求客人换房时，应主动向客人说明原因，征得客人的谅解并致歉，免收换房费。

二、客人要求换房

(1) 如因酒店房间设备故障引起客人要求换房，一定要尽快满足，并免收换房费。

(2) 如客人因自身原因需要换房，应尽量满足客人要求。

(3) 确认是否有客人需要的空房。

(4) 如有空房，应向客人解释清楚宾馆换房收费的有关规定。如15:00前按钟点房收费标准收换房费，18:00前加收半天费用，18:00后收取全天费用。

(5) 确认后，更改钥匙及欢迎卡，交行李员连同换房通知单一起送上楼层交给客人，取回原来的钥匙及欢迎卡。

(6) 填写一式四联换房通知单，请收银签字，注明电话级别，请主管或大堂副理签批，并由行李员分别派送至房务中心和总机，接收部门应在换房通知单上签字，以确认换房信息收到，总机留存第三联，并相应做好电话开关，房务中心留存第四联。

(7) 换房单第一联由接待员存档，并相应更改电脑资料，第二联由收银将其附在账单后，并相应更改电脑资料。

三、换房过程中的特殊情况

客人要求换房，但其本人因外出或其他原因不在房间，同时房间内仍有行李物品时，工作人员应委婉拒绝客人的要求。若客人执意，须问清房内行李类别、摆放详情，在经得客人同意后，接待员填写好接待处通知书，交大堂副理。由大堂副理带领保安监督并协助客房服务员将行李整理好，尽量按原样换入新房间。换房完毕后，大堂副理、保安、客房服务员在换房通知单上签名确认，交行李员派送至相关班组。

单元三　前台接待服务

> **任务单　了解换房原因**
>
> 请以小组为单位讨论并列出3种换房的原因，在各组间交换后讨论最佳处理方案。
>
> 1. 本组讨论客人换房的原因：
>   (1)
>   (2)
>   (3)
> 2. 第____组讨论结果(换房原因)：
>   (1)
>   (2)
>   (3)
> 3. 最佳解决方案：
>   (1)
>   (2)
>   (3)

活动二　熟悉工作流程，提供换房服务

了解了换房原因后，接待员要根据实际情况，按照规范程序为客人提供换房服务。下面先来熟悉一下换房程序。

信息页一　换房工作流程

无论是酒店的原因还是客人的需求，工作人员都应根据酒店的相关规定，尽量满足住客的换房要求，及时有效地安排客人换房，并通知相关部门(如礼宾部)和服务人员协助客人换房，具体程序如图3-3-1所示。

当接到客人换房的要求时，接待员应先礼貌地问清原因(如吵闹、客房设施损坏、客人自身原因等)，并表示歉意

按照客人的要求为其安排新的房间，与客人确认新的房号、房价等

得到客人同意后，及时在电脑中调换新的房号，并编制新的房间钥匙牌

告之客人将由酒店行李员协助换房

填写换房单，包括客人姓名、原始房号、更新房号、换房原因、时间等，并在换房单上签名(如果发现设施损坏应立即通知工程部检修)

通知礼宾部协助客人换房，并将换房单交给前来协助换房的行李员

行李员将换房单派送到相关部门，如管家部、电话房、前台收银等

接待员再次核对换房客人的房号及相关资料，确保完整正确

如客人不在房间，又有留言要求及时换房时，可将新房间的钥匙牌交由当值大堂副理，由当值大堂副理带领行李员、保安部当值领班或主管及楼层领班或主管到客人房间，收拾好客人的物品后转入新房间。尽可能按原样摆放，并在新房间留言或通知客人在方便的时候把旧房卡交到前台

图3-3-1　换房程序

信息页二　换房服务对话参考

前台服务员：早上好，这里是前台。请问有什么可以帮助您？

Receptionist: Good morning. Front Office. How may I help you?

客人：早上好。这里是2306房间的玛丽·布朗。我房间里的空调坏了，工程部职员说需要修一段时间，我想换一个房间。

Guest: Good morning. This is Mary Brown in room 2306. There is something wrong with the air-conditioner in my room. And the engineering staff said it will take quite a while to fix it. I need to change to another room.

前台服务员：非常抱歉，给您带来了不便。请您稍等，我看看是否还有空房。

R: I do apologize for the inconvenience. Please wait a moment, I'll check the room status.

客人：太好了。谢谢。

G: Great. Thank you.

前台服务员：布朗女士，二层靠近电梯还有一个单人间。如果您不介意，我马上让楼层服务员和行李员过去协助您换房间。

R:Ms. Brown. There is a single room available on the second floor. It might be a little noisy since it's near the lift. I'll send the floor attendant and the bellboy to help you change the room if you don't mind.

客人：好的，没问题。

G: OK. No problem.

前台服务员：稍后请您在方便时到前台来办理一下换房手续。

R: Please come to the front desk to finish the forms when you are free.

客人：好的，非常感谢。

G: Sure, thank you very much.

任务单　熟悉工作流程，提供换房服务

一、请回顾本活动环节中的专业知识，试着列出换房的工作过程，完成下表。

程序	具体工作内容

二、请根据下面的任务条件完成对客人的换房服务。

任务条件：一个外出旅游的三口之家，入住酒店的标准间1215号房后，觉得空间太小，要求酒店调换成家庭套房。

任务评价

评价项目	具体要求	评价			建议
		😊	😐	☹	
换房知识自评	1. 了解客人换房的原因				
	2. 熟悉换房工作流程				
换房服务任务学生互评	1. 能独立、有效地完成换房服务				
	2. 工作流程完整、标准				
	3. 服务意识积极主动、服务礼仪规范到位				
小组任务教师评价	1. 所有成员积极参与知识学习及任务练习				
	2. 所有成员都有效掌握了换房服务技能				
	3. 组内分工明确、配合默契				
	4. 知识学习与任务练习态度认真、效率高				
总计		个	个	个	总评

在换房服务中,我的收获是:

在换房服务中,我的不足是:

改进方法和措施有:

任务四 问讯服务

工作情境

酒店前台接待处如果有客人前来问讯,接待员应热情主动、耐心细致、语言亲切地为其提供服务。对于客人的问讯内容应掌握清楚,回答简明扼要、语言规范;对于未听清的问题,应礼貌地请客人复述;对于一时不能回答或超出业务范围的问题,应表示歉意,请教有关人员或查阅有关资料后及时准确地回答。不要推托、不理不睬客人或简单回答"不行""不知道"等。

具体工作任务

- 熟悉问讯处服务内容;
- 熟练介绍酒店设施及服务;
- 熟悉留言服务。

活动一 熟悉问讯处服务内容

酒店问讯处的工作内容细碎、烦琐，但容不得半点马虎。请根据下面的信息页一起来学习问讯处应该提供的服务内容和对服务的要求。

信息页 熟悉问讯处服务

酒店问讯处的服务范围包括咨询、邮件、钥匙、贵重物品寄存、留言等方面。

一、咨询服务

1. 咨询内容

(1) 有关访客对住店客人信息的咨询。常见的咨询有客人是否住在本酒店、客人所住的酒店房间号、住店客人是否在房间及住店客人的去向等。

(2) 有关酒店内部信息的咨询。通常涉及餐厅、酒吧、商场所在的位置及营业时间；宴会、会议、展览会举办场所及时间；酒店提供的其他服务项目、营业时间及收费标准等。

(3) 店外情况介绍。主要包括酒店所在城市的旅游点及其交通情况；主要娱乐场所、商业区、商业机构、政府部门、院校、企事业单位等的位置和交通情况；近期相关大型文艺、体育活动情况；市内交通情况等。

(4) 国内和国际航班时间表等。

2. 客人问讯的方式及相应的服务要求

(1) 客人当面问讯

① 当客人离问讯处两三步远时，主动、热情地向客人问候："先生/女士，您好，有什么事吗？"

② 与客人对话时，要立正、挺直、面带微笑，注意聆听客人的问讯，不能东张西望，手头工作应暂停，听懂了点头，听不懂的请客人重复一遍，不可用"嗯"等疑问词。

③ 对客人提出的问题要尽快回答，有疑问或不知道的，要请客人稍等、请同事帮忙，问讯后告知客人，不能说"不知道"或"你可以问其他人"等推辞的话语。

(2) 电话问讯

① 铃响3声之内接听电话，报岗位名称，"您好，这里是问讯处"，接电话时声音要清晰。

② 仔细聆听客人问题，必要时请客人重复某些细节或听不清楚之处，并做好记录。

若能立即回答问题，及时给客人以满意的答复，并询问："先生，您听清楚了吗？"若需进一步查证，请客人稍等再拨或留下电话，查证后立即答复客人，若客人有疑问，继续查证。

二、邮件处理

收到客人及酒店信函、邮件、电讯、报纸等时，首先应分类准确。客人邮件设专用登记簿，登记和打印收件时间。各类邮件收到后，迅速请行李员分送。快件、电报、电传等均在半小时内发出，无错送、漏送、误时、误事现象发生。如客人不在客房，行李员将信送至前台接待处，办好交接手续，由前台在电话总机或客人客房内留言，告知客人尽快收阅。错投邮件在规定时间内无人领取，3天内退回邮局。代客寄发信函，收件要求应准确无误，邮资登记清楚准确，发送及时。

三、钥匙管理

1. 钥匙日常管理

问讯处接待员向客人提供存匙服务，客人所存的钥匙需统一存放、排列整齐规范。客人进店，按所分房号分发钥匙。客人外出，收取钥匙及时、摆挂整齐。客人回店，凭住房卡或先问客人姓名、房号及入住登记名再发放钥匙。客人退房离店，及时收回钥匙。钥匙保管无人为差错发生。前厅客房钥匙每半年会同保安部清理统计一次，缺额补齐。客人钥匙丢失，通知保安部按酒店规定处理。所有钥匙不能随意留在前厅，避免因钥匙丢失而造成盗窃事故发生。具体操作时应注意以下事项。

(1) 每一班前台接待员在上班后交接班时，均需检查核对钥匙有无差错，匙牌有无严重破损。

(2) 出差错的上一班接待员对差错负直接责任，同时需立即上报主管，查找原因。

(3) 当客用钥匙发生变动时，前台接待员要在"客用钥匙记录表"上进行记录。

(4) 前台接待员对本前台所有客用钥匙上的各条钥匙都要清楚了解其用途。

(5) 前台接待员在每月月底对客用钥匙进行盘点，并与"客用钥匙记录表"上的原有记录进行核对，在该表上记录客用钥匙的实际状况。

2. 钥匙丢失处理

(1) 磁卡片钥匙

① 在客人遗失钥匙并且赔偿后，当值宾客服务经理凭记录赔偿的"杂项单"到相应楼层索回另一把钥匙，调配新的房间钥匙。

② 当值宾客服务经理调匙后在"调匙记录本"上签名，并在"钥匙变动记录表"上进行记录。

③ 当值宾客服务经理将调配后的两把新匙一把交接待员供客人使用，另一把交到相

应楼层并记录接收人，原旧匙收回放置在备用匙柜内。

(2) 球形锁钥匙

① 每把锁有3把钥匙，一把交前台接待员供客人使用，另两把交房务部楼层打扫卫生使用。

② 在客人遗失钥匙并且赔偿后，当值宾客服务经理凭记录赔偿的"杂项单"填写"维修申请单"报维修部更换门锁，并在"钥匙变动记录表"上进行记录。

③ 收回被换下的锁及钥匙，留作备用。如门锁损坏，则交由维修部处理。

④ 更换后的门锁钥匙由当值宾客服务经理负责处理，一把供客人使用，另两把交相应楼层并记录接收人。

(3) IC卡钥匙

① 在客人遗失钥匙并且赔偿后，前台接待员需发限制卡并对相应的门锁进行感应后，重新发宾客卡给住客使用。赔偿的"杂项单"交由宾客服务经理保管。

② 如门锁出现故障需机械匙开启房门时，当值宾客服务经理通知保安主管到场，由前台收银开启保险柜，宾客服务经理取机械匙开门。钥匙归还后，由宾客服务经理、保安主管及收银员三方在"机械钥匙使用记录表"上签名确认。

③ 如门锁无法维修，由宾客服务经理填写"维修申请单"报维修部更换门锁，更换出来的门锁交由维修部处理。

(4) 相关权限

① 所有客房换锁、调匙、配匙限客务部宾客服务经理有权操作。

② 客房门锁的维修及换锁后的验收由房务部负责。

③ 在更换门锁时，经手的宾客服务经理应确保客房中心了解换锁的原因。

④ 所有客房备用钥匙均锁于客务部的备用钥匙室的钥匙柜内。

⑤ 客务部宾客服务经理每班均需对备用钥匙柜钥匙进行交班。

3. 备用钥匙及备用匙牌

(1) 客务部宾客服务经理负责备用钥匙及匙牌的管理。IC卡钥匙放于前台由接待员进行每班交接。

(2) 客务部宾客服务经理每月底盘点备用钥匙及匙牌，根据盘点情况制作下月的"钥匙变动记录表"。

(3) 备用钥匙及匙牌的变动需在"钥匙变动记录表"上进行一对一的记录。

四、贵重物品寄存

酒店通常为客人提供客用安全保管箱(Safe Deposit Box)，供客人免费寄存贵重物品。小保管箱的数量一般按酒店客房数的15%～20%来配备，若酒店的常住客和商务散客比较多，可适当增加保管箱的数量。

客用安全保管箱通常放置在总台收银处后面或旁边一间僻静的房间，由收银员负责此项服务工作。保管箱的每个箱子有两把钥匙，一把由收银员负责保管，另一把由客人亲自保管，只有这两把钥匙同时使用时，才能打开或锁上保险箱。

保管箱的启用、中途开箱、退箱，一定要严格按酒店规定的操作程序进行，并认真填写有关保管记录，以确保客人贵重物品的安全，防止各种意外事故的发生。

1. 保管箱的启用

当客人要求酒店代为保管贵重物品时，应启用安全保管箱，其工作程序如下。

(1) 问候客人，向客人表示欢迎。

(2) 核查客人的住房卡，确认是否为住店客人。

(3) 取出安全保管箱记录卡，将内容逐项填写，请客人签字，同时，在电脑上查看房号与客人填写的是否一致。

(4) 向客人介绍规定和注意事项。

(5) 取出保管箱，请客人存入贵重物品。

(6) 在客人面前用两把钥匙将保管箱锁好，一把客用钥匙交给客人保管，总钥匙由接待员保管，并礼貌地提醒客人注意其钥匙的保管与安全。

(7) 向客人道别。

(8) 将填好的记录卡正卡放入纸袋里，标上箱号、客人姓名、房号等，保存在规定器物内。

2. 中途开箱

客人存入物品后，如要求再次使用保管箱，工作程序如下。

(1) 问候客人，向客人表示欢迎。

(2) 请客人出示保管箱钥匙，然后，取出安全保管箱记录卡副卡，请客人逐项填写，并签字确认。

(3) 取出其填写过的正卡，巧妙而又仔细地核对客人的签字。

(4) 如签字相符，当着客人的面用两把钥匙将保管箱打开，请客人使用。

(5) 客人存取完毕，再当着客人的面用两把钥匙将保管箱锁上。

(6) 将客用钥匙交还客人保管，并礼貌地提醒客人注意钥匙的保管和安全。

(7) 向客人道别。

(8) 将填写过的正卡与副卡一起存在规定的器物中(如客人再次前来使用保管箱，其接待程序同上)，但是每次填写都得使用一张新的副卡，并一起存放。

3. 退箱

客人退房后，酒店规定不予延时保管贵重物品。当客人要求退箱(最后取走贵重物品)

时，其工作程序如下。

(1) 请客人出示保管箱钥匙。

(2) 当着客人的面用两把钥匙将该箱打开，请客人取出其贵重物品。

(3) 收银员再次检查一遍保管箱，以防有遗留物品。

(4) 请客人填写记录卡，并在卡反面签字。

(5) 检查记录卡正卡反面填写内容，核对签字。

(6) 收回该保管箱的客用钥匙，锁上该箱。

(7) 向客人道别。

(8) 将该正卡与其填写过的副卡一起存档，以备核查。

任务单　熟悉问讯处服务

一、请在组内介绍问讯处有哪些服务内容。

二、请列出对客人一般性邮件的处理方法。

三、请与组内成员探讨钥匙管理的重要性与必要性。

活动二　介绍酒店设施及服务

除了酒店的销售部，前台在某种意义上可以说是酒店的第二销售部门，问讯处更是每天面对着针对酒店设施或其他服务产品的咨询。问讯处的信息服务，无论是对潜在顾客还是住店消费的宾客都有着非常重要的意义。

信息页　向住店客人介绍酒店设施及服务

作为信息的提供者，问讯处服务人员应具备丰富、准确的店内外信息和第一手资料，以满足客人的不同需求。在向客人提供信息时，服务人员应做到态度积极、主动热情，解答具体、耐心。如遇自己确实不清楚的内容，应经过进一步查询、核实和确认后再向客人介绍，千万不可含糊其词或提供错误的信息。

要为客人提供准确、及时的信息服务，问讯处服务人员应掌握以下几方面的资料。

一、介绍酒店基本情况

(1) 熟悉酒店所处的地理位置及交通情况。

(2) 熟悉酒店的建筑、装饰、布置的风格与特点。

(3) 熟悉酒店的等级与类型。

(4) 熟悉酒店的产品价格与其他相关规定。

(5) 熟悉酒店的服务设施与项目。

① 熟悉酒店所设的各项服务产品的特色、所在楼层、位置。

② 熟悉酒店客房的类型、特点、房内设施及其功能。

③ 掌握实时房态，向潜在顾客进行推销。

二、介绍酒店以外各方面信息

(1) 市内主要车站、机场、基本路况等交通信息。

(2) 市内主要购物场所、娱乐场所及旅游信息等。

(3) 酒店周边邮局、银行等服务机构所处位置。

(4) 当地民生概况等信息。

三、介绍酒店设施及服务

住店客人初入酒店，对于客房以外的服务项目和各类服务设施可能一无所知。客人的潜在消费需求会驱使其通过各种途径来了解酒店。这时，问讯处的服务人员不仅是信息咨询员，同时还承担着酒店产品推销员的工作。向客人介绍应从以下几个方面入手。

(1) 介绍酒店餐厅所处位置、营业时间及其产品风味特色。

(2) 介绍酒店娱乐场所，如酒吧、迪厅设施所处位置、风格特色及其开放时间等。

(3) 介绍酒店健身场所的位置、设施、特色及开放时间。

(4) 介绍酒店商务中心、网吧等商务服务设施的位置及开放时间。

(5) 介绍驻酒店机构(如旅行社、银行、专卖店等)所处位置及其提供的服务等。

(6) 其他产品信息。

任务单　介绍酒店设施及服务

作为问讯处的服务人员，请根据下面的任务条件为客人提供服务。

> **任务条件：**
> 　　接待员小王为刚入住的齐先生办理好了入住登记手续。齐先生这次是出差，将要入住一个多月的时间。小王看齐先生似乎想问些什么就主动说："齐先生，您这一住就是一个多月，需要我为您简单介绍一下酒店吗？""啊，太好了，我也正想着每天工作又忙又累，又没有时间到外面去转转，只好在酒店里消磨时间了。那就有劳你说说看吧。"齐先生满意地笑着说道。
> 　　"好的，齐先生……"

活动三 留言服务

酒店受理的留言服务(Message Service)通常有两种类型：一种是"访客留言"；另一种是"住客留言"。

信息页一 留言服务

一、留言类型介绍

(1) 访客留言：指的是来访客人对住店客人的留言。对于留言传递的基本要求是及时、准确。

① 访客留言单一式三联，由3种不同颜色的纸组成。

② 前台问讯员填写后将访客留言单的第一联放入钥匙邮件架，待客人回来时及时通知；第二联送电话总机房，话务员开启住客房间的留言灯；第三联交行李员由门底送入客房，确保没有接触总台的客人能够在进房时看到留言。

③ 客人可以通过3种途径获知访客留言单：从问讯处取房间钥匙时，可同时得到留言单；进入客房时发现留言单；发现客房留言灯亮着，通过询问话务员或问讯处接待员，可获悉留言内容。

④ 当了解到客人接到留言内容后，应及时关闭留言灯。

(2) 住客留言：指的是住店客人给来访客人的留言。问讯处服务人员应认真记录留言单。留言单一式两联，问讯处、电话总机各保存一联。

(3) 如遇无人接应的留言应做好记录并保留一星期，以备查询。

二、留言程序

(1) 为客人留言，应记录房客的姓名及房号，核对是否正确。

(2) 用清晰的文字把留言内容记录下来。

(3) 把留言者的姓名及电话号码记录下来。

(4) 写上留言的时间及日期。

(5) 接办人签名。

三、留言处理

(1) 留言便条应一式三联，第一联放在钥匙架上，待客人回来时马上获知消息。第二联应由行李员从门底派发，即使客人没有接触总台亦能接到留言。第三联存案记录。

(2) 每晚10点，将所有钥匙架上客人没有取走的第一联留言便条放入信封，写上房间号，记录在记录本上，然后安排行李员或礼宾员派发，由房门下推送入房间内。

信息页二　留言服务对话参考

前台接待员：下午好，先生。请问有什么可以为您效劳？

Receptionist: Good afternoon, sir. What can I do for you?

访客：下午好。我来拜访2306的布朗女士。但她这会儿好像不在。我可以给她留个言吗？

Visitor: Good afternoon. I'm coming to see Ms. Brown in room 2306. But it seems that she is not in her room. May I leave a message?

前台接待员：当然，先生。请您填写这个留言单。

R: Sure, sir. Please fill in the message form.

访客：好的。……给你。

V: OK. … Here it is.

前台接待员："绿光公司的李明先生希望布朗女士尽快回电话。"对了，她知道您的电话号码吗？

R: " Mr. Liming, from Green Light, is expecting Ms. Brown to call back as soon as possible." By the way, does she have your phone number?

访客：她有我的号码。

V: Yes, she does.

前台接待员：好的，布朗女士一回来我就将留言条交给她。

R: All right, sir. I'll give it to Ms. Brown as soon as she comes back.

访客：谢谢，再见。

V: Thank you. Goodbye.

任务单　留言服务

请根据下面的任务条件为客人提供留言服务。

任务条件：周日早上，一位李先生来到前台问讯处想要找住在1608房间的齐先生。可服务人员知道齐先生一早就随团去了八达岭长城一日游。这位李先生得知情况后提出想要留言给齐先生，并向问讯处小王说明了自己的姓名、单位、来意以及联系方式等。请你为李先生做好留言记录并转交给齐先生。

任务评价

评价项目	具体要求	评价			建议
		😊	😐	☹	
问讯服务知识自评	1. 熟悉问讯处服务内容				
	2. 熟悉钥匙、邮件管理办法				
	3. 熟悉贵重物品寄存及留言服务程序				
问讯服务任务互评	1. 能够独立完成咨询服务				
	2. 能够独立完成留言服务				
	3. 服务过程完整、正确				
	4. 服务意识积极主动，符合服务礼仪规范要求				
小组活动教师评价	1. 团队气氛融洽、分工明确				
	2. 所有成员积极参与知识学习，效果好				
	3. 所有成员积极参与任务练习，展示效果好				
总计		个	个	个	总评

在问讯服务工作中，我的收获是：

在问讯服务工作中，我的不足是：

改进方法和措施有：

工作情境

所谓酒店顾客投诉，是指客人对企业产品质量或服务存在不满意而提出的书面或口头上的异议、抗议、索赔和要求解决问题等的行为。酒店必须使这种不满情绪得到释放和疏解，否则会产生两种后果：一是客人会做出更进一步的行为，使不满上升为更激烈的愤怒，出现更多矛盾；另一种是客人消极放弃，从而导致被投诉一方(即企业)在不知情的情况下受到损失。两种结局都会对酒店产生不良后果，因此，被投诉方应想尽一切办法避免这些后果的出现。

具体工作任务

- 认识大堂副理；
- 巧妙处理投诉。

活动一 认识大堂副理

大堂副理是代表总经理全权处理前厅日常工作，如宾客投诉、宾客损失赔偿等复杂事项的酒店工作人员。大堂副理应站在酒店的立场上机智、果断、敏捷地处理各类问题，每天设立24小时当值。在夜间，除值班经理(Duty Manager)外，大堂副理是酒店最高权力机构的指挥者。

信息页 认识大堂副理

一、大堂副理分工

大堂副理是前厅部经理的助理，需协助其直接管辖前厅各部的业务操作，一般分3班进行工作，主要承担以下工作。

(1) 早班大堂副理上班后应与前班做好交接工作，监督检查前堂全体员工的行为及仪态，协助前堂经理对该部进行管理，参与该部一切工作及过程的指挥督导。若有VIP接待任务，要检查VIP的接待准备工作。在VIP客人未到达之前，还需检查VIP房间，早上还需解释退房宾客对账单的任何疑问。需处理客人遗失之物品，并记录下班要处理或未处理完善的事情。

(2) 中班大堂副理与前班一样，首先要做好交接工作，督导员工的仪容礼貌及工作程序，尽量完成早班定下的工作或未处理的事情，重新了解当天报告，对售房情况进行复查，检查VIP房间锁匙是否准备好。同时还需检查当天团体客人的到达及离开情况以及目前的客房使用情况。督导员工处理客房的出售。对留住的客人，若所欠账目太多，则视其身份进行处理，尽量提醒宾客尽快交租。按规定采取适当的强制方法，并记录下班要处理的情况及本班未处理完之事。

(3) 夜班大堂副理亦与前班一样，要做好交接工作并完成中班没有完成的工作，检查明天宾客的订房情况，并为将到达的宾客做好编排房间准备。根据"夜班报告"内容进行工作，与保安一起巡查酒店安全，检查大堂卫生情况，复核接待处及总机的各种表格，记录下一班要处理的问题。在紧急情况下，要保持沉着、冷静。对任何事情保持敏感，未妥善处理好的事务一律记录，并向总经理汇报。

二、大堂副理具体岗位职责

(1) 代表酒店迎送VIP客人，处理主要事件，并记录特别贵宾、值得注意之客人的有关事项。

(2) 处理客人结账时的相关问题及其他询问。

(3) 决定是否受理客人支票。

(4) 迎接及带领VIP客人进入房间，并介绍房间设施。

(5) 检查房间是否够标准。

(6) 做好VIP客人离店记录。

(7) 处理换锁、换匙事项，并做好记录。

(8) 处理管家部报房表上与接待处有出入的房间及重锁房间。

(9) 处理客人投诉，运用技巧，针对客人心理解决问题。

(10) 替客人安排医护或送院事宜。

(11) 遇紧急事件(当没有上司可请示)时，必须作主动、决断之指示。

(12) 与保安部及接待处联系，取得资料做出意外、生病客人及残疾客人的报告。

(13) 有时间时应尽量参与接待工作，了解当天及以后的房间走势。

(14) 巡查酒店内外部，保证各项功能运行正常，以及时排除可防范的隐患。

(15) 与客人谈话时可适当推广酒店设施。

(16) 服从管理人员如总经理、副总、助总及直属上司指派的工作。

(17) 与保安人员及工程人员一同检视发出警报的房间、区域。

(18) 与财务部人员配合，追收仍在住宿客人的欠账。

(19) 需要时可指挥其他部门人员工作。

(20) 刮台风时(前)联合其他有关部门做出应有的防风措施。

(21) 遇危险事故(如火警、炸弹恐吓)而没有高层管理人员可以请示时，应作出适当决定，以及是否需要疏散客人。

(22) 向管理层反映有关员工的表现、客人意见等。

(23) 贵重物品遗失被寻获的处理。

(24) 留意酒店内部工程的进展，特别是外间承办商、工人的走动。

(25) 检查前堂范围内需维修项目，跟紧维修单。

知识链接　　客户关系协调员

近些年来，在许多现代酒店企业的前厅或大堂内，我们会看到一两位衣着得体、气质高雅的工作人员。他们与大堂副理一样处理着前厅部的各项重要工作，承担着前厅部经理的助手角色。但他们的职位名称不再是大堂副理，而是客户关系协调员(Guest Relationship Officer，GRO)。他们光鲜亮丽、言谈得体，以自信大方、认真严谨的态度处理着酒店与客人之间的微妙关系，最大限度地满足客人的各种要求。实际上，他们中的一些人就是金钥匙的化身。

任务单　认识大堂副理

请结合信息页中所学知识，在小组内讨论大堂副理的工作职责，并列在下面的空白处。

活动二 熟悉投诉类型并巧妙处理

"智者千虑，必有一失"，无论酒店在硬件和服务上花费多少心力，都难免会出现一些问题，于是客人投诉也就随之而来了。

信息页 常见投诉类型及其处理

一、投诉类型

1. 对服务态度的投诉

客人往往会对员工的服务态度，如言语粗鲁、态度冷漠、爱理不理等产生不满，以致进行投诉。

2. 对服务质量和产品质量的投诉

如果酒店的员工没有按照有关原则来服务，如分错房、邮件未及时送到、行李无人搬运等，也往往会引发投诉。而这一类投诉，在酒店接待繁忙时很容易发生。另外，由于各种原因，有时客人也会对酒店提供的餐饮等产品提出不满或投诉。

3. 对设施、设备的投诉

对于因为酒店的设备、设施，如空调、照明、供水、电梯等未能及时检查、维修而造成的投诉，即使建立了较完善的维护制度，也不能消除所有设施、设备的潜在问题。尤其对于历史较久远的老酒店，更容易出现此类现象。

4. 对异常事件的投诉

有时，客人会碰到一些意外情况，如所有的房间都已预订完毕，由于交通运输繁忙无法买到车票等。这些问题一般来说与酒店经营无关，但客人往往希望能够得到酒店的帮助。然而，有时客人对酒店的政策不甚了解，也会进行投诉。在这种情况下，酒店不能事不关己就不予理睬，而应耐心向客人解释，并尽自己所能帮助客人解决问题。

二、对客人投诉的认识与处理原则

酒店员工应充分认识到，客人对酒店投诉是正常现象。从某种意义上讲，投诉也是沟通酒店管理者与客人的桥梁，是好事，也是坏事。它能使被投诉的部门或员工受到相应的惩罚；但同时投诉又是一个信号，它告诉酒店其服务和管理中存在着问题。如果酒店处理得当，就能使酒店的服务和设施得到提高和改进，从而吸引更多的顾客光临。

1. 客人投诉的意义

(1) 帮助酒店认识到服务与管理中的不足。有些问题虽然存在，但并不是酒店自己能

发现得了的。而客人则不同，他们支付了一定的金钱，就希望物有所值，能得到相应的服务；因此，他们对酒店的服务及设施所存在的问题是非常敏感的。酒店虽然对员工进行了严格的训练，提出了相应的要求，但并非所有员工都能做到。有些员工可能是领导在时会约束自己，一旦领导离开，他们就会放松，而这些是管理者所发现不了的，而客人作为酒店服务的直接消费者能够及时发现并提出。

(2) 有利于改进并提高酒店的服务水平。通过客人的投诉，酒店可以及时发现自身存在的问题，如果能对这些问题及时认真地进行处理，必然会使酒店服务不断提高。

(3) 解决投诉为酒店提供了与客人修补关系、缓和矛盾的佳机，有利于酒店开拓市场、获得客户。客人投诉，表示酒店还存在服务的漏洞或缺憾。如果客人不投诉，下次有可能不来光顾。正因为投诉能起作用，所以客人才通过这一过程发泄自己的愤怒与不满。酒店了解到客人的不满后若能对自己的过失加以弥补，便能赢得客人、赢得市场。

2. 处理客人投诉的原则

(1) 态度友好，本着为客人服务的原则，真诚地从客人的角度出发为其解决问题。

(2) 面对投诉，酒店方应认识到自己工作和服务中存在的问题。员工应充分理解客人的心情，尽心尽力地帮助客人。只有这样，才能赢得客人，为酒店树立良好的形象。

(3) 克制、有耐心，不与客人争辩。客人一般遇到了麻烦、不顺之后才来投诉，也难免会表现在言语之中。如果客人情绪很激动，员工一定要努力克制自己，设法平息客人的怒气，必要时将管理人员请出来接待客人，解决问题。

(4) 维护酒店利益。前厅部工作人员在处理客人投诉时，一方面要注意客人的情绪，帮助客人解决问题；另一方面也要注意维护酒店利益，要掌握解决问题的技巧。比如，在处理客人投诉时不要随意贬低其他部门。此外，简单的退款、减少收费也不是有效的办法。酒店可以通过面对面的额外服务，以及对客人的关心、照顾来巧妙解决。

(5) 具有跟踪意识。处理投诉不能只顾平息争议、解决眼前问题。妥善处理投诉应做到有始有终，不能应付客人后不了了之。如接到客房设施投诉，不仅要立刻通知工程部查看和维修，还应在适当时间追踪询问客人问题是否已经得到了妥善解决。

三、处理投诉的流程

(1) 接待客人：对客人表示理解并表达歉意。

(2) 聆听投诉内容：认真倾听，了解投诉问题的原委；适当提问，弄清细节并表示关切。

(3) 做好记录：认真做好记录，为解决问题提供依据。

(4) 联系相关部门：尽快沟通，核实情况，并确保问题在第一时间得到有效关注和解决。

(5) 跟踪落实：对客人及相关部门进行跟踪询问，落实客人投诉的问题是否得到了妥善解决。

(6) 总结归档：作为酒店服务管理的有效提升手段，投诉的总结反思工作是必不可少的。在积累经验的同时可以加强服务人员的防范意识，避免同类错误的再次出现。

任务单　处理投诉

一、请回顾所学知识，并在组内讨论投诉的出现对于酒店的意义和相应的处理原则，并将讨论结果列在空白处。

二、请以小组为单位根据下面的任务条件完成任务要求。

任务条件：一位日本客人拿着磁卡钥匙怒气冲冲地找到大堂经理并质问："我刚刚入住，磁卡钥匙在前台做了两遍，可门还是打不开，你们的设备怎么这么差？"大堂经理与客人一同来到楼层，结果发现是因为客人只把磁卡插入门锁中，而没有拔出来转动门把手，才导致门不能顺利打开。如果你是大堂经理，该如何处理？

1. 请判断该案例属于哪种投诉类型。

2. 请在组内讨论该投诉的出现对于酒店具有何种意义。

3. 请在组内讨论处理该投诉时应遵循什么原则。

4. 请按照投诉处理流程进行情境模拟练习和任务展示。

任务评价

评价项目	具体要求	评价			建议
		😊	😐	☹️	
处理投诉知识自评	1. 熟悉大堂副理的工作职责				
	2. 熟悉投诉类型及产生原因				
	3. 熟悉投诉处理原则与方法				
处理投诉任务互评	1. 能够从案例中分析出投诉类型、意义及处理原则				
	2. 能够独立受理、解决投诉，令客人基本满意				
	3. 服务意识积极主动，符合服务礼仪规范要求				
小组活动教师评价	1. 团队气氛融洽、分工明确				
	2. 所有成员积极参与知识学习，效果好				
	3. 所有成员积极参与任务练习，展示效果好				
总计		个	个	个	总评

在处理投诉工作过程中，我的收获是：

在处理投诉工作过程中，我的不足是：

改进方法和措施有：

单元四

收银服务

前厅收银处(The Cashier's)负责酒店客人所有消费的收款业务，是客人办理结账离店手续的地方。客人离店服务质量的好坏决定着客人对酒店的最后印象，这就要求前厅收银员必须了解酒店收银处结账服务范围及客人离店服务要求，熟练掌握业务技能，迅速、准确地办理客人结账离店、兑换货币等各项业务，还必须坚守流通性、安全性、价值性等原则，对业务涉及的酒店账款及客人财产安全负责。

任务一 结账离店服务

工作情境

客人离店服务是前厅对客服务的最后一个环节，迅速准确地为客人办理结账手续能够充分反映出一名前厅收银员的专业素质和服务水平。在为客人办理结账离店手续前，需要做好充分的准备工作，包括了解客人的结账方式，熟悉结账离店服务流程等。

具体工作任务

- 了解各种结账方式；
- 熟悉结账离店服务流程；
- 熟练办理客人结账离店手续。

活动一 了解结账方式

在为客人办理离店结账手续的过程中，收银员应充分了解客人的结账方式，清楚各种结账方式的优缺点，明确每种结账方式的操作规范要求和注意事项。请根据下面的信息页来学习酒店结账方式。

信息页 结账方式

客人在办理预订和入住手续时，一般已经确认了付款方式，但在实际结账时，服务人员仍需尊重客人的要求，在符合规定的条件下满足顾客需求。常见的结账方式主要有以下几种。

一、现金支付

现金支付是最受酒店欢迎的支付方式。对酒店而言，现金支付风险小，可以加速资金周转，提高资金的运作效率；但现金收入量较大，会在一定程度上增大收银员的工作责任。

酒店收银员应增强防盗、防劫意识，接受各种主要货币伪钞辨识的训练，同时也应该配备防伪辨识器材，如紫外线辨识器、验钞笔等。

如果客人用现金结账，入住时则要交纳一定数额的预付金。预付金额度应超过住宿期间的总房租数，具体超过多少，由酒店自定，一般为一天的房租，结账时多退少补。大型酒店，预付金由前厅收银员收取，中小型酒店由接待员收取。

二、信用卡支付

首先要查看客人信用卡是否为酒店接受的种类，常见的有中国银行长城卡、中国工商银行牡丹卡、维萨卡(Visa Card)、中国农业银行金穗卡、中国建设银行龙卡等；国外信用卡主要有JCB卡(Japan Credit Bureau Card，吉士美卡或日财卡)、万事达卡(Master Card)、运通卡(American Express Card)、大莱卡(Diners Card)等。

发现客人信用卡失效、过期时，应向客人说明，并请客人更换信用卡，或改为其他支付方式。通过银行、信用卡公司和酒店网络系统，查询信用卡公司所确认的最高限额，如果有疑虑，应立即与信用卡公司联系并确认。

请客人在签购单上签名并查看客人签名是否与信用卡背签相符。

三、现金支票支付

拒收字迹不清、过时失效的支票；核查支票持有者的有效身份证件并登记；对于有背书的二手支票，应请客人再次背书；对有疑惑之处，接待员或收款员应当面问清，并立即向财务主管负责人汇报或向银行查询。

检查客人入住登记表上的签字是否与支票上的签字相符，核实客人的证件并登记号码。

四、转账支票支付

转账支付一方面可以大大简化客人抵离店账务手续，另一方面可以促使公司、旅行社等客源组织单位不断为酒店带来新的、更多的客源。

客人若要以转账方式结账，这一要求一般在其订房时就会向酒店提出，并经酒店有关负责人批准后方可。如果客人在办理入住登记手续时才提出以转账方式结账，酒店通常不予受理。拒收字迹不清、过时失效、打印或书写不规范的支票及第三手支票；核查支票是否为挂失或失窃支票；核对旅行支票上的签字是否与客人登记单一致；核查客人身份证件，登记证件号码；注意检查已有背书的二手支票，应请客人再次背书，并加以比较；对有疑虑或不清楚之处，应直接询问客人或及时汇报，并利用银行计算机联网系统查询核实。

任务单　了解结账方式

结合下面的图片，认识信用卡和支票，并根据信息页中的内容说明酒店有几种结账方式，以及每种结账方式的注意事项。

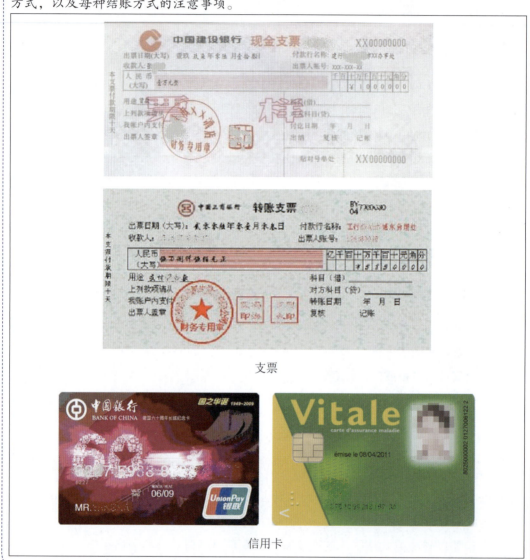

支票

信用卡

活动二　结账离店服务

学习了酒店结账方式之后，需要继续了解酒店结账离店服务流程。掌握正确、规范的工作流程是做好结账离店工作的基础。现在，就一起来看看结账离店的工作过程是怎样的。

信息页一　结账离店服务流程

一、散客结账离店服务流程

现代酒店为方便客人结账，通常在当日安排前台人员向次日预离店客人送达"离店结账通知单"，或在房间闭路电视中安装查账系统，使客人提前了解在店消费状况。

1. 问候核实

(1) 问候客人，确认客人是否结账退房。

(2) 确认客人的姓名、房号、来店日期，并与客人账户核对。

(3) 检查客人的退房日期，如果客人是提前退房，收银员应通知相关部门。

(4) 核实延时退房是否需要加收房租。

2. 通知楼层、总机

(1) 通知楼层查房，检查客房小酒吧酒水耗用情况、客房设施设备的使用情况等。

(2) 委婉地问明客人是否还有其他即时消费，如电话费、餐饮费等。

3. 完成结账

(1) 将已核对过的客人分户账及客人的账单凭证交给客人过目，并请客人签名确认。

(2) 确认付款方式，结清账款数额，如客人入住时交了押金，要收回押金条，唱收唱付及找零，并在账单或收据上加盖"已收讫"印章，打印结账离店日期和时间。

(3) 收回客人的房卡和钥匙，检查客人是否有贵重物品寄存，并提醒客人。

4. 行李服务及告别

(1) 通知行李员提供行李服务，并询问是否需要为客人的下次旅行提前订房。

(2) 感谢客人，告别客人，祝福客人。

5. 更新资料

(1) 弄清客人是否预订日后的客房，或者预订本酒店连锁管理集团下属的其他酒店客房。

(2) 更新前厅相关信息资料，如房态表和住客名单等，将客人结账离店的消息通知相关部门，如让总机关闭长途电话等。

6. 统计存档

做好账、款的统计工作和材料的存档工作，以方便夜间审计。

二、团队结账离店服务流程

1. 准备复查

在团队结账前半小时做好结账准备，提前将团队客人每天的房租、餐费等账目逐一核对，结出总账和分类账。

2. 通知客房部

将结账团队的名称(团号)告知相关楼层服务员，通知其查房。

3. 通知行李部

将团队离店信息通知行李部，派出行李员协助团队行李离店登车。

4. 完成结账

(1) 打印团队账单，请领队或陪同人员确认并签名。

(2) 为有自付账目的团队客人打印分户账单，并请客人付款。

(3) 在任何情况下，不得谈及团队房价等商业机密。

5. 收回房卡和钥匙

6. 告别

向客人表示感谢，祝客人旅途愉快。

服务提示　　　　　　**结账查房**

过去，酒店在宾客结账时一定会严格按照规定以电话等形式通知相关部门或人员检查客房，确保房内设施物品和宾客房内小冰箱消费情况无误后，才会为宾客办理结账离店手续。如今，酒店为了体现更加人性化的经营和管理理念，改变了这种让人稍觉尴尬的当场"审查"方式。前台服务人员只是非常礼貌而又委婉地直接询问客人："您昨晚饮用小冰箱里的酒水了吗？"而客人的答复便是服务人员确认客人前晚房内消费的唯一依据。这样，最大限度地体现出了酒店对客人的信任和尊重，让顾客有更加美好的住宿经历和体验，进而提高了品牌好感和品牌忠诚度。

曾有某五星级酒店的前厅部经理做过数据统计，该酒店因宾客漏报或不报导致的损失中，仅房间内小冰箱酒水损失(Mini-bar Loss)就高达6000～8000元/月。这对普通人来说可能是挺大的损失，但在酒店管理者的眼中，这点损失和这些宾客在酒店的综合消费以及他们今后可能进行的潜在消费所带来的利润是无法相提并论的。

信息页二　结账离店服务对话参考

收银员：早上好，布朗女士。有什么需要帮助您吗？

Cashier: Good morning. Ms. Brown. Is there anything I can do for you?

客人：早上好。今天我要结账离店了。

Guest: Good morning. I'm due to check out today.

收银员：好的，女士。请您把房卡给我。

C: All right, madam. May I have your room card, please?

客人：好的。

G: Yes.

收银员：您是住在2306房间。请稍等，我来给您出账单。……给您账单，一共2240元，请您核对一下。

C: Your room number is 2306. Please wait a moment. I'll make your bill. … Here is your bill. It totals 2240 yuan. Please have a check.

客人：没有问题，我可以用现金付账吗？

G: That's correct. May I pay in cash?

收银员：当然可以，这是找您的零钱。请您在这张单子上签字。

C: Sure. Here is the change. Please sign your name here.

客人：好的。谢谢。

G: OK. Thank you.

收银员：祝您旅途愉快！

C: Hope you'll have a nice trip.

任务单　结账离店服务

一、请回顾本活动环节中的结账离店服务流程，向学习伙伴复述一遍，并完成下表。

散客结账离店服务流程

程序	工作内容

团队结账离店服务流程

程序	工作内容

二、请根据下面的任务条件，以小组为单位进行为散客和团队客人办理结账离店手续的服务练习，并分组展示。

> **任务条件1**：一对美国夫妇Mr. and Mrs. Smith在本酒店住宿3天期满，要求用人民币现金结账，请按服务流程为他们办理结账离店手续。

> **任务条件2**：本酒店接待的旅行团包宿期满，欲办理离店手续，要求用××旅行社的银行信用卡结账。其中一位客人张先生消费了客房小酒吧里的一听啤酒。请按服务流程为该旅行团办理结账离店手续。

任务评价

评价项目	具体要求	评价			建议
		☺	😐	☹	
结账离店服务知识学习自评	1. 熟悉结账方式及常见信用卡、支票类型				
	2. 熟悉散客结账离店服务流程及要求				
	3. 熟悉团队结账离店服务流程及要求				
结账离店服务任务学生互评	1. 能够独立完成散客结账离店服务工作				
	2. 能够独立完成团队结账离店服务工作				
	3. 符合工作流程和服务要求				
	4. 服务积极主动、礼仪规范到位				
小组活动教师评价	1. 团队分工明确、配合默契				
	2. 所有成员都能积极参与知识学习，效果好				
	3. 所有成员都能积极参与任务练习与展示，效果好				
	4. 活动中能发现问题、提出建议				
总计		个	个	个	总评

在结账离店服务工作中，我的收获是：

在结账离店服务工作中，我的不足是：

改进方法和措施有：

单元四 收银服务

任务二 货币兑换服务

工作情境

酒店开办外币代兑业务能为广大住店的外籍人士和走出国门的境内居民提供优质、便捷的货币兑换服务。酒店收银员应能够识别外币及旅行支票，掌握规范的外币兑换工作过程和正确填写兑换水单。

具体工作任务
- 认识常见外币及支票；
- 熟悉外币兑换工作过程及工作表；
- 熟练为客人提供兑换服务。

活动一 熟悉常见外币及支票

酒店收银员在为客人兑换货币时，应能够正确识别外币及旅行支票，以保障客人和酒店的利益。下面通过信息页的内容来认识一些常见的外币及旅行支票吧。

信息页一 中国银行可兑换的外币种类及汇率

中国银行可兑换的外币共17种，中国银行网站每天都会公布当日牌价，外币兑换员要根据当日牌价为客人兑换外币。如果是外币现钞换人民币，参照"现钞买入价"；如果是现汇换成人民币，可参照"现汇买入价"；如果是用人民币换外币，可参照"卖出价"。

信息页二 识别外币和旅行支票

一、认识外币

各国所处的地理位置不同，经济、文化发展也各有特色，因此，各国货币在内容和外观形式上也不尽相同。但无论哪国货币，都具有这些内容：发行机构名称、面值、印刷年份或版型、连续编号、发行机构的特定标记、有关负责人的签章、有关文字说明及法律上的有效词句、票面图案等。

· 83 ·

各国货币票面文字不同,票面图案设计也不一样,如果单纯从图案上去识别,就容易混淆。比如,英镑、加拿大元、新西兰元等英联邦国家的货币上都印有英国女王伊丽莎白二世肖像,因此,如果认为印有女王像的就是英镑,那就错了。也有一些国家的货币单位名称亦相同,比如"元"(Dollar),如果从货币名称上来确认货币国别,也容易搞错。正确的做法是,看外币票面上所印发行机构的名称,如某一个国家或某国的中央银行发行的钞票,就是该国流通的货币。显然,这也需要有一定的外语知识。下面就美元、日元、欧元3种常见外币的国别识别方法作一简单介绍。

美元钞票上印有发行机构U.S.Federal Reserve Bank(美国联邦储备银行)的名称,而且钞票背面印有国名The United States of America(美利坚合众国),钞票正面左侧还印有联邦储备银行的行徽。日元钞票上印有发行机构Nippon Bank(日本银行)的名称,钞票的正面还印有"日本银行券"字样。欧元(EURO)则印有发行机构欧洲中央银行的5种语言的缩写字母(BCE ECB EZB EKT EKP)。

至于辨别外币的真伪,需要依靠验钞设备和借助丰富的经验,收银员要在实践中不断地学习和锻炼。

二、认识旅行支票

旅行支票(Traveler's Checks)是银行或大旅行社专门发行给到国外旅游者的一种定额支票。旅游者购买这种支票后,可在发行银行的国外分支机构或代理机构凭票付款。旅游者在购买支票时,需要当面在出票机构签字,作为预留印鉴。旅游者兑换时,还需再次签字,以便与预留印鉴核对,避免冒领。目前,全球通行的旅行支票品种有运通、维萨以及通济隆(Thomas Cook)等,上述旅行支票能够在世界各地800余家旅行支票代兑行兑换,或在各国的大商铺和酒店直接使用。旅行支票跟现金一样,也有不同的面值。中国收藏热线网站提供了国外旅行支票的4种票样,如图4-2-1所示。

图4-2-1 国外旅行支票

任务单　识别货币

　　结合图片说出下面10种货币的名称，并尝试找到中国银行可兑换的其他外币的图片或真币，大家互相交流。

活动二 外币兑换工作流程

酒店收银员在为客人兑换货币时,要严格执行外币兑换工作规范,认真填写外币兑换水单。下面就来学习一下外币兑换的工作流程。

信息页 外币兑换工作流程及工作表

一、外币现钞兑换

(1) 当客人前来办理外币兑换时,先询问其所持外币的种类,看是否属于酒店兑换的范围。

(2) 礼貌地告诉客人当天的汇率以及酒店一次兑换的限额。

(3) 认真清点外币,并检验外币真伪。

(4) 请客人出示护照和房卡,确认其住客身份。

(5) 填制外汇兑换水单一式三联,内容包括外币种类及数量、汇率、折算成人民币金额、客人国籍、姓名、护照号、房号及日期等。

(6) 请客人在水单上签名,并核对房卡、护照与水单上的签字是否相符。

(7) 清点人民币现金,将护照、现金及水单的第二联交给客人,请客人清点。水单第一联送中国银行,第三联留存。

二、外汇旅行支票兑换

(1) 了解客人所持旅行支票的币别、金额和支付范围,以及是否属于酒店的收兑范围,并告知是日估算价。

(2) 与客人进行核对,对其真伪、挂失等情况进行识别,清点数额。

(3) 请客人出示房卡与护照,确认其住客身份,请客人在支票的指定位置当面复签,然后核对支票初签和复签是否相符,以及支票上的签名是否与证件的签名一致。如有疑问,要请客人在支票背面重新背书或查看客人护照上的签名。

(4) 外币种类及数量、兑换率、应兑金额、有效证件(护照)号码、国籍和支票号码等,填写在水单的相应栏目内。

(5) 请客人在水单的指定位置签名,并注明房号。

(6) 按当日公布的外汇旅行支票牌价,计算应兑人民币金额,并扣去规定的贴息。

(7) 根据计算金额付给客人人民币,将兑换水单第二联交给客人作为凭证,第一联送中国银行，第三联留存。

三、外币兑换水单(Foreign Exchange Voucher，如表4-2-1所示)

表4-2-1　外币兑换水单

Guest name 顾客姓名		Room No. 房号	
Nationality 国籍		Passport No. 护照号	
Currency Type 外币种类	Amount 金额	Exchange Rate 汇率	CNY 人民币
Guest's Signature 客人签名		Cashier's Signature 收银员签名	

Date 日期：

任务单　提供外币兑换服务

请回顾前面所学的服务程序，根据下面的任务条件以小组为单位练习外币兑换服务，填写兑换水单，并进行分组展示。

任务条件：一位住在酒店801号房间的德国客人要求把200欧元兑换成人民币。

外币兑换水单

Guest name 顾客姓名		Room No. 房号	
Nationality 国籍		Passport No. 护照号	
Currency Type 外币种类	Amount 金额	Exchange Rate 汇率	CNY 人民币
Guest's Signature 客人签名		Cashier's Signature 收银员签名	

Date 日期：

任务评价

评价项目	具体要求	评价			建议
		☺	😐	☹	
货币兑换服务知识学生自评	1. 熟悉相关金融知识				
	2. 熟悉外币类型及外观				
	3. 熟悉货币兑换服务流程、要求及工作表				
货币兑换服务任务学生互评	1. 能够独立完成外币兑换服务				
	2. 能正确填写兑换水单				
	3. 服务流程正确、完整				
	4. 服务意识积极主动、符合服务礼仪规范要求				
小组活动教师评价	1. 团队气氛融洽、分工明确				
	2. 所有成员积极参加知识学习，效果好				
	3. 所有成员积极参加任务练习，效果好				
总计		个	个	个	总评

在货币兑换服务的准备工作中，我的收获是：

在货币兑换服务的准备工作中，我的不足是：

改进方法和措施有：

单元五

礼宾服务

为了体现酒店的档次和服务水准,许多高档酒店都设立有礼宾部(Concierge)。礼宾部的职责就是围绕宾客的需求提供一条龙服务,从宾客到达酒店所在城市开始,包括接送、行李、市内活动等一系列服务便随之展开。在大中型酒店中,礼宾部一般包括迎宾员、门童、行李员、机场代表、派送员等岗位。小型酒店一般只设行李部。随着宾客对委托代办服务的要求越来越高,在高星级酒店中,按照国际金钥匙服务理念,设置了"金钥匙"岗位,以突出宾客应享受的礼遇,并可树立酒店的国际形象。

任务一 店外迎接服务

工作情境

客人迎接(迎送)服务主要是指由机场代表、门童提供的一项面对面的服务,一般可分为店外和店内迎送两种。店外迎接服务主要由机场代表提供,承担到所在城市的机场、车站、码头接送抵离店的客人,争取未预订客人入住本酒店的工作。店内迎接服务主要由门童提供,承担店内迎送客人,调车,协助保安员、行李员等人员工作的任务。下面我们的迎接服务就要开始了。

具体工作任务
- 熟悉迎接服务;
- 熟悉店外迎接服务。

活动 迎接客人

门童是酒店必不可少的礼宾岗位,部分酒店还设有机场代表和车队,负责接送抵离店的客人。他们是代表酒店欢迎客人的第一人,应该特别注意自身的仪容仪表,言谈举止要温和得体,动作要迅速准确。现在机场代表和门童即将开始宾客迎接的工作了,请根据下面的信息页来认识机场代表(Airport Representative)、门童及其所提供的服务。

信息页一 认识机场代表及其服务

一、机场代表

有些客人在订房时会声明需要接车服务,并事先告知航班(车次)、到达时间,选定接车车辆的类型。多数高星级酒店设机场代表一职,以满足客人的接送需求。有些酒店还在所在城市的机场、车站、码头设点,派出代表,接送抵离店客人,争取未预订客人入住本酒店。

二、机场代表的接站服务流程

1. 准备工作

(1) 掌握预抵店客人名单,向预订处索取"宾客接车通知单",了解客人的姓名、航班(车次)、到达时间、车辆要求及接待规格等情况。

(2) 整理仪容仪表，着制服上岗。

(3) 安排好车辆。

(4) 备好接机牌，正面刻有酒店的中、英文名称及客人姓名，牌子手把的长度在0.5m左右。

2. 到达车站、机场或码头迎接客人

(1) 站立在显眼位置举牌等候，主动问好，介绍自己，代表酒店欢迎客人。

(2) 根据预抵店客人名单予以确认。

(3) 帮客人搬运行李并确认行李件数，挂好行李牌，引领客人前往接站车前。

3. 送客人上车

(1) 开车前10分钟应将客人送到开车地点，引导客人上车，协助将行李装上车。

(2) 向客人道别，开车时站在车子的右前方2m左右，微笑着挥手跟客人道别。如果需要随车同行，则要在途中主动介绍本地和酒店概况，并注意始终与总台保持联系。

4. 通知客人抵店信息

电话通知大厅值班台客人到店的有关信息：客人姓名、所乘车号、离开车站时间、用房有无变化等。

三、机场代表争取未预订客人

除完成对已预订客人的接待工作外，机场代表的另一项重要工作是为酒店做好现场推销工作，即向旅行者推销酒店的产品，为酒店争取更多的客人。

1. 推销准备

(1) 准确掌握当日和近期客房出租情况。

(2) 熟悉酒店餐饮、会议服务特色和标准。

(3) 熟悉酒店周围的环境，包括交通、购物、旅游、区位优势等。

2. 确定潜在客人

(1) 使用观察法，在接待中寻找潜在客人，并将其作为产品销售的重要对象，注意捕捉客人对酒店主要服务项目的价格、种类、优惠附加值等信息的敏感程度。

(2) 采用连锁介绍法，将酒店其他相关服务项目连带介绍，尽量吸引客人的兴趣和注意力。

3. 倾听回答

(1) 热情、耐心地回答每一位客人的咨询。

(2) 认真倾听客人要求，恰当地提出建议供客人参考和选择。

(3) 根据客人年龄、职业、身份等特点有针对性地介绍和推销酒店服务产品特色。

4.办理手续

(1) 及时、迅速地办理预订手续。

(2) 安排车辆，主动扶老携幼，提拿行李，引领客人上车；通知酒店总台做好接待准备。

任务单一　迎接客人

请以小组为单位根据下面的任务条件制作接机牌，并完成机场代表接机和门童店外迎接客人两项任务。

任务条件：一对到中国旅游的英国老夫妇Mr. Green和Mrs. Green将乘坐CA4021次航班抵京，请按服务流程进行店外迎接服务。

接机牌

信息页二　认识门童及其服务

一、认识门童

门厅迎接员，亦称迎宾员或门童，是代表酒店在大门口迎送宾客的专门人员，是酒店形象的具体表现，一般安排身材高大、英俊、目光敏锐、经验丰富的青年男性担任，也可由气质、风度好的女性担任，在欧美国家却常常安排体态稳重、讲究礼节礼貌的老者司其职。门童的服装除有季节之分外，选用的衣料也比较高级，颜色较鲜艳，款式华丽，做工考究。工作时通常站于大门一侧或台阶下、车道边，主要承担迎送客人，调车，协助保安员、行李员等人员工作的任务。

二、门童服务规程及要求

1.客人到店时

(1) 散客步行至酒店门口，门童应主动、热情、面带微笑地向客人点头致意，并致问候或欢迎语，同时用手势示意方向，并为客人拉开大门。如果客人行李物品较多，应主动帮助提拿，进入大厅时立即交给行李员。若行李员距离较远，可使用手势示意，切忌大声喊叫，以免扰乱前厅安静的气氛。

(2) 散客乘车到店，门童使用规范手势，示意司机停在指定地点或客人容易下车的地点。汽车停稳后，如果是出租车，门童应等候客人付完车费后再开门，主动向客人热情问候，对常客可以尊敬地称呼姓氏或职务以示尊重。开门时应注意以下事项。

① 原则上先女宾后男宾、先外宾后内宾、先老人后小孩。

② 站在前、后门中间，用左手拉开车门呈70°左右，右手则挡在车门框上沿，防止客人碰伤头部。要注意对佛教徒和伊斯兰教徒不能护其头顶。若无法判断客人身份，可以将手抬起而不护顶，注意保护客人，防止发生磕碰等。

③ 客人行动不便或遇到残疾客人时，应立即上前搀扶，并提示行李员准备轮椅。

④ 如果客人行李物品较多，应主动帮助司机卸下行李，并提醒客人清点件数，带好个人物品，然后使用手势提示行李员为客人运送行李。

⑤ 下雨天，主动打伞接应客人下车进店，并礼貌地请客人擦干鞋再进大厅，提醒客人可以将雨伞存放在或锁在门口的伞架上。

(3) 团体客人到店时，待客车停稳后，门童站立在车门一侧，迎接客人下车，主动点头致意、问候，主动接过行李物品，主动搀扶行动不便的客人或老人下车，最后示意司机将车开走或停放在指定地点。

2. 客人离店时

(1) 送别散客

① 客人出店，门童主动点头致意，如果客人暂时外出，可以说"一会儿见"；如果客人已结账欲离店，则向客人致祝愿语，欢迎客人再次光临。

② 客人乘车离店，门童将车引导至便于客人上车又不妨碍其他车辆停车的位置，待车停稳后左手拉开车门，请客人上车，右手挡在车门框上沿，防止磕碰到客人头部，待客人坐稳后再关车门。注意不要夹住客人衣角、裙带等，站在汽车斜前方0.8～1m位置，挥手向客人告别，目送客人以示礼貌。

(2) 送别团体客人

门童站立在车门一侧，向每一位上车的客人点头致意，欢迎客人再次光临，主动搀扶老人或行动不便的客人，待客人全部到齐、司机关门后，伸手示意司机开车，站在车的斜前方1～1.5m处，向客人挥手道别，目送客人离店，让客人深深感受到酒店对客人光顾的感激，以及欢迎客人下次光临的诚意。

3. 其他服务

(1) 保持大门环境清洁。大门是酒店门面，虽然门童不负责清扫，但有责任保持门口及大厅的清洁，发现有杂物时，应立即通知保洁员予以清除，发现纸屑、烟蒂时，则马上捡起投进垃圾桶内。

(2) 维护门口良好秩序。协助门卫、保卫人员及时疏导车辆，保持门口、车道通畅。

(3) 回答客人询问。礼貌地回答客人的询问，对不能确定的问题，可以请客人到问讯处询问。

(4) 联系调度出租车。在用车高峰或雨雪天时，应主动为客人调度、联系出租车。

(5) 填写服务指南卡。门童对不熟悉酒店周围环境的客人，应热情耐心地问清客人所去目的地，然后告诉司机，填写"服务指南卡"，记下车号、日期、时间及目的地，然后将卡片交给客人留存。

任务单二　案例分析

请认真阅读下面的案例，根据所学礼宾服务知识进行讨论，并完成后面的问题。

案例

在一个秋高气爽的日子里，迎宾员小贺着一身剪裁得体的新制服，第一次独立地走上了迎宾员的岗位。一辆白色高级轿车向酒店驶来，司机熟练而准确地将车停靠在酒店豪华大转门的雨棚下。小贺看到后排坐着两位男士，前排副驾驶座上坐着一位身材高挑、眉清目秀的女士。小贺一步上前，以优雅的姿态和职业性的动作，先为后排客人打开后门，做好护顶姿势，并目视着客人，礼貌亲切地问候，动作麻利而规范，一气呵成。关好车门后，小贺迅速走向前门，准备以同样的礼仪迎接那位女士下车，但那位女士满脸不悦，使小贺茫然不知所措。通常后排座为上座，一般凡有身份者皆于此就座，优先为重要客人提供服务是酒店服务程序的常规，可这位女士为什么不悦？

请思考并回答：
1. 女宾为何不悦？小贺错在哪里？
2. 如何正确提供拉车门服务？

任务评价

评价项目	具体要求	评价			建议
		☺	😐	☹	
迎接服务知识学习自评	1. 了解机场代表、门童及其服务内容				
	2. 熟悉门童服务标准				
迎接服务任务自评	1. 能够顺利完成机场代表接机服务				
	2. 能够顺利完成门童迎接客人服务				
	3. 注重服务态度与服务礼仪				
	4. 服务意识积极主动				
小组活动教师评价	1. 团队合作良好，气氛积极融洽				
	2. 实操任务练习中配合紧密、默契				
	3. 所有成员对团队工作都有所贡献				
	4. 团队的学习与实操任务完成情况令人满意				
总计		个	个	个	总评

在迎接服务中，我的收获是：

在迎接服务中，我的不足是：

改进方法和措施有：

知识链接

"金钥匙"

"金钥匙"是一个国际化的酒店服务专业组织，至今已有80多年的历史。中国于1997年在国际金钥匙组织的第44届年会上被接纳为第31个成员国。到目前为止，国际金钥匙组织已有5000多家成员分别来自34个不同的国家和地区。

"金钥匙服务"是酒店内由礼宾部职员(具有国际金钥匙组织会员资格则可称为"金钥匙")为其所在的酒店创造更好的服务特色，按照国际金钥匙组织的金钥匙服务理念和由此派生出的服务方式为客人提供的"一条龙"个性服务。这种服务通常以"委托代办"的形式出现,即客人委托,职员代表酒店为客人代办,因其高附加值而区别于一般的酒店服务,具有鲜明的个性化特点,被酒店业的专家认为是酒店的极致,因此被称为"金钥匙服务"。

"金钥匙"是现代酒店个性化服务的标志。"金钥匙"们追求尽善尽美、满意加惊喜的服务效果,在给客人创造惊喜中实现自己的服务价值。

任务二 客人入住时的行李服务

工作情境

行李服务是酒店礼宾服务的重要组成部分。酒店的行李服务是由前厅部行李员提供的。其工作岗位位于酒店大堂一侧的礼宾部行李服务处。下面,行李服务就要开始了。

具体工作任务

- 了解入住行李服务;
- 熟练为客人提供行李服务。

活动 了解入住行李服务

客人进入酒店时,行李员要为客人提供及时、周到的行李服务。由于其所处位置的特殊性,行李员的服务是客人对酒店形成良好第一印象的关键。行李员的工作应使客人感受到酒店的热情好客,令其对后续服务有所期待。请根据下面信息页的内容来了解一下入住行李服务吧。

信息页一 入住行李服务

行李员隶属于礼宾部,通常站立于酒店正门内侧两边。热情周到地为客人搬运行李,向客人介绍店内设施与服务项目，提供寄存行李服务，回答客人问题，帮助寻人，受理委托代办和分发邮件等服务都是行李员的职责范围。

一、散客抵店行李服务

(1) 散客抵店时，行李员帮助客人卸行李，并向宾客确认数量及是否有贵重或易碎物品。凡宾客携带行李超过两件时，均须使用行李车。如果几批宾客同时抵店，必须有序地为宾客服务并做好行李的区分工作，如分开放置或吊挂行李牌等。

(2) 行李员携行李走在客人的左前方，引领宾客至前台接待处进行住店登记，并在宾客的行李上吊挂行李牌。行李牌填写如下内容：日期；时间；房间号码；服务内容(如：C/I = Check In登记入住行李服务等)；行李件数；车牌号(若宾客搭乘出租车抵达酒店，须记下车牌号)；行李员签字。

(3) 宾客办理住店登记手续时，应携行李在宾客身后1.5m处等候，直到宾客办理完住店手续。

(4) 从接待员手中接过客人的房卡和钥匙卡，清晰地将房间号码登记在行李牌上，引领客人进入客房。

① 若几批宾客同时抵店，可在办理完住店手续后与每一位宾客确认行李，并在行李牌上写下房号，请客人们先上楼，然后将行李轮流送至客房。

② 如果宾客办理完住店手续后不去房间，则需询问客人是将行李送至房间还是暂时保存在行李部。若客人希望暂时保存在行李部，可将行李牌下联交到宾客手中，请其回到酒店后前来行李部领取；若客人希望直接送入房间，则在向宾客确认行李件数后，致电客房部请楼层服务员开门，将行李送入房间并在行李牌上注明"送空房"。

③ 如果宾客因早到而暂时无法进入房间时，可建议宾客将行李暂时存在行李部。将行李牌下联交到宾客手中，请其回到酒店后来行李部领取。

(5) 主动为客人按电梯，并注意相关礼节：让客人先进电梯，行李员随后进电梯，按好电梯楼层，站在电梯控制牌处，电梯上行中，可视情况适当与宾客展开交谈。通常可向宾客介绍酒店设施及服务，或介绍当地情况并回答宾客问询。电梯到达后，让客人先出电梯，行李员随后提行李跟出。

(6) 到达房间后，将行李置于门旁，轻按门铃两次，自报身份，然后打开房门。如果发现房间显示已有宾客入住或该房间尚未打扫干净应立即关闭房门，向宾客说明并表示歉意。请宾客在原地稍等，立即与前台联系并配合妥善解决。

(7) 开门后，首先应接通房间的总电源，然后请宾客先进房。

(8) 将行李放在客房行李架上，协助宾客脱下外套，挂入衣柜。然后向宾客简单介绍房间设施。介绍过程中，应始终关注客人的表情及神态，并回答客人提问。

① 介绍写字桌上的酒店介绍册，以便让宾客进一步了解酒店。

② 介绍"宾客意见反馈表"(通常附于酒店介绍册内)，并希望宾客按服务的满意程度填写。

③ 介绍电话使用方法，以及酒店内各主要服务设施的分机号码。

④ 介绍各种电器的使用方法。

(9) 询问宾客是否还有其他需求，礼貌地向客人道别，并祝客人住店愉快。退出房间时，面向客人，将房门轻轻关上。

(10) 返回礼宾部填写"散客行李(入店/出店)登记表"，如表5-2-1所示。

表5-2-1 散客行李(入店/出店)登记表

日期 DATE			房号 ROOM NO.	
上楼时间 UP TIME		件数 PIECES	迎接行李员 PORTER	
出行李时间 DOWN TIME		件数 PIECES	离店行李员 PORTER	
车牌号码 TAXI NO.			备注 REMARKS	

二、团队抵店行李服务

1. 准备

根据团队抵店时间安排好行李员，提前填好进店行李牌，注明团队名称和进店日期。

2. 分拣行李

(1) 领班与团队负责人一道清点行李件数、检查破损情况等，然后填写"团队行李进出店登记表"，请团队负责人签名。

(2) 将行李拴上填好房号的行李牌，以便准确地分送到客人房间，如暂不分送，应码放整齐，加盖网罩。

3. 分送行李

(1) 将行李装上行李推车，走专用通道到指定楼层，按门铃通报分送。

(2) 进房后将行李放在行李架上，请客人清点及检查行李，无异议后道别。如客人不在房间，应先将行李放于行李架上；如遇个别无房号的行李，应将其暂存于楼层服务台，与团队负责人协商解决。

4. 行李登记

分送完行李后，应在"团队行李进出店登记表"上记录并签名，按登记表上的时间存档。

信息页二 入住行李服务对话参考

行李员：下午好，先生。我是行李员，需要为您拿行李吗？我带您去您的房间。

Bellboy: Good afternoon, sir. I'm the bellboy. May I help you with your luggage? I'll show you to your room.

客人：好的，谢谢。这是我的房卡。

Guest: OK. Thanks. Here is my room card.

行李员：1108房间，在11层，电梯在那边，请跟我来。

B: Room 1108 is on the 11th floor. The lift is over there. Follow me, please.

客人：好的。对了，酒店餐厅在几层？几点开始？

G: All right. By the way, where is the restaurant? And when is the breakfast served?

行李员：早餐在二层的中餐厅，从早上6:00到10:00。酒店顶层还有一个西餐厅。如果您需要，我们还在四层设有健身中心。

B: The breakfast starts from 6 a.m to 10 a.m. in Chinese restaurant on the second floor. And there is a western restaurant on the top floor. We do have a fitness center on the 4th floor if you're interested.

客人：太好了。我们到了。

G: Great! It's 11th floor. Here we are.

行李员：先生，您先请。

B: After you, sir.

客人：谢谢。

G: Thanks.

行李员：这边请。这是您的房间，先生。我把行李放在这里可以吗？

B: This way, please. Here is your room, sir. May I put your luggage here?

客人：好的。

G: Sure.

行李员：需要我为您介绍客房设施吗？

B: Shall I introduce the room facilities for you?

客人：不必了。谢谢。

G: No, thank you.

行李员：好的，有需要请随时告知。

B: All right, sir. Please let me know if you need anything.

任务单　为到店散客提供入住行李服务

请认真阅读下面任务条件中给出的具体内容，实操练习为Green夫妇提供入住行李服务，并以小组为单位进行任务展示。

任务条件： 到中国旅游的英国老夫妇Mr. Green和Mrs. Green乘坐出租车来到酒店，携带两只旅行箱，内有笔记本电脑和相机等物品。请按服务流程提供行李服务，并引领其入住809房间。

任务评价

评价项目	具体要求	评价			建议
		☺	😐	☹	
入住行李服务知识学习	1. 了解行李员及其工作内容				
	2. 了解散客入住行李服务内容及要求				
	3. 了解团队入住行李服务内容及要求				
任务实操学生互评	1. 能够按照正确的工作流程顺利进行客人入住行李服务				
	2. 注重服务礼仪和注意事项				
	3. 任务练习过程中态度认真				
	4. 能够在团队中与其他成员合作、互助				
任务实操学生自评	1. 能够独立、顺利地完成散客入住行李服务				
	2. 任务练习努力、认真				
	3. 注意服务礼仪，服务积极主动				
	4. 能够在团队中起到积极作用				
总计		个	个	个	总评

在客人入住行李服务工作中，我的收获是：

在客人入住行李服务工作中，我的不足是：

改进方法和措施有：

单元五 礼宾服务

任务三 为离店客人提供行李服务

工作情境

和入住时一样,客人离店时行李员也应为其提供热情周到的行李服务,让客人感受到从始至终的无微不至,留下良好印象。下面,行李员要准备送客人离开酒店了。

具体工作任务

- 熟悉离店行李服务;
- 熟练为离店客人提供行李服务。

活动 了解离店行李服务

当客人准备离店时,行李员要与前台保持紧密联系,根据宾客的需要,为其提供行李服务。尽管都是为客人提供行李服务,但离店时的行李服务与入店时的服务有着各自的特点和要求。请根据信息页来学习离店行李服务。

信息页 离店行李服务

一、散客离店行李服务

(1) 行李领班接到宾客需要提取行李的要求后,首先应问清宾客的房间号码、行李件数、行李大小和收取时间。

(2) 当班行李员根据领班安排上楼收取行李。

(3) 到达客房门口时,轻按门铃两次,同时自报身份。注意,站立的位置应该在猫眼正前方,以便客人可以清楚地看见自己。

(4) 客人开门后,应主动问候并表明来意。

(5) 询问客人行李是否已经全部整理完毕,与客人再次确认行李件数,填写行李牌,运送

行李至大堂。

(6) 宾客办理退房手续时，行李员应携行李在行李部柜台旁等候。

(7) 待宾客办理完退房手续后，帮助宾客将行李运至店外，并收回行李牌下联。

(8) 视需要为宾客安排交通工具，将行李整齐装车，避免磕碰，并再次请客人确认行李件数。

(9) 向宾客道别，目送其离开(若客人乘坐出租车，须将车牌号填写在行李牌上)。

(10) 回到行李部柜台，根据要求做好服务记录。

二、团队离店行李服务

(1) 根据团队客人入住登记表上的运出行李时间做好收行李的工作安排，并于客人离店前一天与领队、导游或团体接待处联系，确认团队离店时间及收行李时间。

(2) 在规定的时间内依照团号、团名及房间号码到楼层收取客人放在门口的行李。行李员收行李时，从走廊的尽头开始，以避免漏收和走回头路。

(3) 收行李时应核对每间房的入店行李件数和出店行李件数，如不符，则应再次详细核对，并追查原因；如客人在房间，则应与客人核对行李件数；如客人不在房间，又未将行李放在房间则要及时报告领班，请领班出面解决。

(4) 将团队行李汇总到前厅大堂，再次核对并严加看管，以防丢失。

(5) 核对实数与记录相符，请领队或陪同一起过目，并签字确认。

(6) 与旅行社的负责人一同检查、清点行李，做好行李移交手续。

(7) 将行李搬运上车。

(8) 填写"团队行李进出店登记表"并存档，如表5-3-1所示。

表5-3-1 团队行李进出店登记表

团队名称		人数		入店日期		离店日期		
	时间	总件数	酒店行李员	领队		行李押运员		车号
入店								
出店								
房号		入店件数			离店件数			备注
	行李箱	行李包	其他	行李箱		行李包	其他	
合计								

> **任务单　为离店团队客人提供行李服务**
>
> 　　请回顾前面所学的服务流程，根据下面的任务条件，以小组为单位进行离店行李服务的任务练习及展示。
>
> **任务条件**：住在酒店901～909房间的18位旅行团的客人入住期满，欲办理离店手续，团员共携带行李箱15个、行李包12个。

任务评价

评价项目	具体要求	评价			建议
		😊	😐	☹	
知识学习 学生自评	1. 熟悉散客及团队离店行李服务程序与要求				
	2. 学习态度积极认真				
离店行李 服务任务 学生互评	1. 能够顺利、独立地完成团队离店行李服务				
	2. 熟悉团队离店行李服务程序与要求				
	3. 服务意识积极、主动，注重服务礼仪				
任务练习 与展示 教师评价	1. 服务程序完整、正确				
	2. 服务意识积极、服务态度积极				
	3. 能够独立完成离店行李服务操作				
	4. 任务练习与展示过程积极投入，并能充分发挥团队成员的贡献作用				
总计		个	个	个	总评

在离店行李服务工作中，我的收获是：

在离店行李服务工作中，我的不足是：

改进方法和措施有：

单元六

总机服务

电话总机(Switchboard)在一些现代酒店中亦被称为服务中心(Service Center)，是酒店内外沟通联络的通信枢纽。以电话为桥梁，直接为客人提供转接电话、挂拨国际或国内长途，提供叫醒、查询等项目服务，是酒店对外联系的窗口。总机服务人员是酒店"只听悦耳声，不见微笑容"的幕后服务大使。每一位话务员都应以热情的态度、礼貌的语言、甜美的嗓音和高度的服务责任感，为客人提供高效优质的服务，以体现酒店服务的档次。

任务一 为客人接通电话

工作情境

繁忙的交换机前，总机话务员们正用甜美的声音和清晰的语言熟练地为客人进行服务。在工作之前，对话务员和服务规范都进行了明确的要求，包括准确使用总机房设备，明确话务员素质要求和总机服务基本要求，熟悉为客人接通电话的工作流程等。

具体工作任务

- 熟练为住店客人接通国际长途；
- 熟练为呼叫方接通住店客人。

活动一 国际长途拨打服务

总机话务员(Operator)虽然是酒店内客人"看不见的接待员"，但是由于要应对酒店其他部门工作人员和客人的电话转接、问讯、投诉等多种要求，提供多种信息，所以对其业务技术水平和服务质量要求都非常高。下面请根据信息页来了解总机，并学习话务员是如何为住店客人进行国际长途电话拨打服务的。

信息页一 总机房设备

一、电话交换机

交换机的种类、型号繁多，目前，较为先进的有PABX交换机(日本制造)、EBX交换机(荷兰制造)、PMBX交换机、PBX交换机等。其中，EBX交换机具有以下功能。

(1) 自动振铃，并显示其日期、时间。

(2) 自动显示通话线路、号码及所处状态。

(3) 自动定时回叫等候电话。

(4) 同时接通多路分机。

(5) 阻止分机间直接通话。

(6) 封闭、开启某分机线路。

(7) 自动显示分机当时所处状态(外线、内线)。

(8) 请勿打扰功能(阻止外线电话进入某分机)等。

二、话务台

为方便操作、提高效率，现在酒店服务中心接线员的工作台多由集多种功能为一体的电话机、电脑、相关办公用品等设备构成。

三、其他设备

传真、打印、复印一体机等。

信息页二　话务员素质要求

(1) 修养良好，责任感强。
(2) 口齿清楚，声音甜美，语速适中。
(3) 听写迅速，反应敏捷。
(4) 专注认真，记忆力强。
(5) 有较强的外语听说能力。
(6) 有酒店话务工作经历，熟悉电话业务。
(7) 有熟练的计算机操作和打字技术。
(8) 有较强的信息沟通能力。
(9) 掌握酒店服务、旅游景点及娱乐等知识和信息。
(10) 严守话务机密。

信息页三　总机服务基本要求

(1) 礼貌规范用语不离口，坐姿端正，与客人交谈时的方式与内容不得过于随便。
(2) 铃声振响后，立即应答，高效率地转接电话。
① 若客人指明要找某人听电话，应协助寻找受话人，而不应简单地接通某分机。
② 若需客人等候，在接通期间应不断地将进展情况通报客人，不应只按音乐播放键；线路畅通后，应事先通知客人，再接通电话。
③ 若接通某分机有困难，应主动征求客人意见，是否同意转接到其他分机，或请其他人接听电话，不可擅自将电话转接到其他分机上。
④ 应答外部来话时，应先报酒店名称，并向客人问候："您好！××酒店。"
⑤ 应答内部来话时，应先报本岗位名称，再向客人问候："您好！总机。"视酒店

客人身份而决定先说中文还是英文。如酒店所接待对象以内宾为主，则先用中文，后说英文；如住客以外宾为主，则先说英文，后说中文。

（3）对于客人的留言内容，应做好记录，不可单凭大脑记忆。复述时，应注意核对数字。

（4）应使用婉转的话语建议客人，而不可使用命令式的语句。

（5）若对方讲话不清楚，应保持耐心，要用提示法来弄清问题，切不可急躁地追问、嘲笑、模仿等。

（6）即使接到拨错号或故意烦扰的电话，也应以礼相待。

（7）能够辨别酒店主要管理人员的声音。

（8）结束通话时，应主动向对方致谢，待对方挂断电话后，再切断线路。切忌因自己情绪不佳而影响服务态度与质量。

信息页四　国际长途电话工作流程和操作标准细则(如表6-1-1所示)

表6-1-1　国际长途电话工作流程和操作标准细则

工作流程	操作标准细则
受理国际长途	1. 受理宾客国际长途业务，确认致电宾客的姓名和房号 2. 仔细聆听，听清国家名称或地区名称及电话号码 3. 复述国家名称或地区名称，并通过电脑核实宾客资料，按照以下步骤确认：①国家区号；②城市区号；③要接通的号码；④如果宾客不知道区号，致电当地接线员询问，或自查区号
拨号	1. 认真拨号 2. 在铃声响起之前，等待45秒 3. 如果打错了号码或者未接通，致电本地总机说明取消
计费	1. 如果是自动电子计费系统，则会自动计入宾客账户 2. 如果是手工计费，询问地方总机通话时间与费用 3. 再加上酒店的收费 4. 在电话账单上记录宾客的姓名、房号、致电号码、通话时间、收费总额 5. 将电话账单转到前台，计入宾客账户

任务单　电话接通服务

一、请根据总机服务特点及服务要求，总结出规范的电话服务礼貌用语。

二、请阅读下面的任务条件，按照国际长途电话服务的工作流程和细则完成情境模拟练习，并以小组为单位进行练习。

> **任务条件**：住在1506房间的陈小姐想通过总机拨打加拿大的某家公司人事部，请为其提供规范的服务。

活动二 其他电话转接服务

客人住店期间，经常需要通过电话与外界进行联系，因此，总机话务员就要为客人提供准确快捷的电话转接服务；当呼叫方要求接通住店客人时，话务员也应能够用正确的程序、规范的语言为客人提供电话服务。请结合信息页内容，学习如何为呼叫方接通住店客人电话的服务。

信息页 转接电话要求及相关注意事项

(1) 接听电话要准确及时，一般来说，务必在3声铃响之内接起，以充分体现酒店的工作效率。如果故意延误，或是提起听筒之后还照常和周围的人闲聊，把打电话的人搁在一边，这是不允许的。

(2) 接听电话应先问候，并自报酒店、部门名称及自己的岗位或身份，这样可以避免出现对方拨错电话找错受话人的麻烦，然后询问客人的要求。特别需要注意的是，问好、报单位(或所在部门)、问候语这3部分开头语的顺序不能颠倒弄错，需口齿清晰、彬彬有礼，给客人留下美好深刻的印象。

(3) 接听电话应认真倾听，要把对方讲的重要内容进行重复和复核，给对方以积极的反馈。如需转接，请其"稍候"，并迅速、准确地转接。

(4) 处理打给住客的电话时，先核实，然后征得客人的同意，方可转接；否则，应婉拒。

(5) 无人应接时，应该说明，请客人稍候再拨或留下口信。

(6) 接听电话时应注重礼貌，尤其要避免出现急躁、不耐烦、态度生硬等现象。

(7) 对客人的要求，要及时准确回复(包括客人开通外线电话的要求)。必要时应详尽记录并复述，以得到客人的确认。如遇对方投诉，接待时更要耐心，回复时要十分注意语气和措辞，要热情、诚恳、友善、亲切，使对方能体会到你对他的关注。

(8) 结束通话时，应等客人挂断电话后方可挂机。

(9) 正确使用敬语和礼貌称呼，应答电话时要吐字清晰、简洁明了。

任务单　电话转接服务

一、请根据下面的任务条件，进行电话转接服务练习，并分组展示。

任务条件：科技公司的接待处宫秘书打进电话来，希望能与来自浙江温州的宾客李超通话，但宫秘书并不清楚客人的房间号。请根据话务员工作要求与规范完成此次电话转接服务。

二、分析案例：请根据话务员服务规范要求，分析下面的案例有什么问题？如果是你，该怎么做？

就差一句话

一天，某酒店612房间的客人打电话给总机，要求开通外线电话。总机服务员在请前台服务员核查付款方式和所交押金之后，以最快的速度为客人开通了电话。过了一会儿，客人打电话问："我房间的电话开通了吗？"服务员回答："已经开通了，您在号码前加拨'0'就可以了。"客人停顿了一会儿说："我给你们提个意见，在开通房间电话后，要通知客人一声，以免我们在那儿空等。"服务员听了以后，回答说："对不起，先生。我们一定会采纳您的意见，希望您以后多给我们提宝贵意见。"

分析：

服务改进意见：

实操练习：

任务评价

评价项目	具体要求	评价			建议
		😊	😐	☹️	
转接电话服务知识自评	1. 了解总机设备及功能				
	2. 熟悉话务员素质要求及服务规范				
	3. 熟悉长途拨打服务及电话转接操作程序与服务要求				
任务完成情况学生自评	1. 能够正确、熟练地为客人提供长途拨打及电话转接服务				
	2. 能够使用规范服务用语和电话礼貌用语				
	3. 任务练习态度认真、积极				
	4. 任务展示效果好				
小组活动教师评价	1. 团队合作气氛积极、融洽				
	2. 知识学习过程认真,注意交流				
	3. 任务完成过程中分工明确、效率高				
	4. 所有成员都积极参与活动并对团队的工作成果满意				
总计		个	个	个	总评

在为客人接通电话的服务工作中,我的收获是:

在为客人接通电话的服务工作中,我的不足是:

改进方法和措施有:

任务二 电话留言服务

工作情境

一天，话务员接到了店外客人的电话，要求给2118房间的客人留言。话务员认真进行了记录，并向客人进行了确认，完成了服务工作。

具体工作任务
- 熟悉电话留言服务内容、方法与工作表；
- 客人不在房间时熟练提供留言服务。

活动 熟悉电话留言服务

客人有时无法与住店的客人或者其他人取得联系，这时就需要话务员积极主动地帮助客人，进行留言服务。请根据表格学习电话留言服务的内容和方法。

信息页一 电话留言服务程序（如表6-2-1所示）

表6-2-1 电话留言服务程序

服务程序	操作步骤和方法
接听店外客人留言	1. 店外客人要求留言，话务员认真核对要找的店内客人的姓名、房号等信息是否正确 2. 准确记录留言者的姓名和联系方式 3. 准确记录留言内容，并复述以得到客人确认
将留言输入计算机	1. 用计算机查出店内客人的房间，通过固定程序输入留言 2. 核实输入内容准确无误 3. 输入提供留言服务员的姓名 4. 打印留言
开启客房留言灯	1. 按程序开启客房留言灯 2. 每日交接班时核对留言及留言灯是否相符 3. 当客人电话查询时，将留言准确地告知客人
取消电话留言	1. 按程序关闭客房留言灯 2. 清除留言内容

信息页二 认识访客留言单(如表6-2-2所示)

表6-2-2 访客留言单

WHILE YOU WERE OUT
TO致 Mr.先生 _____
　　　Ms.女士 _____
ROOM No. 房号 _____
TIME 时间 _____
DATE 日期 _____

YOU HAD A TELEPHONE CALL
贵客有电话来自
FROM Mr.先生 _____
　　　　Ms.女士 _____

TEL No. 电话号码 _____　　　　PLACE 位置 _____

□ 令友并无留言 PARTY LEFT NO MESSAGE
□ 令友将再给您电话 PARTY WILL CALL YOU AGAIN
□ 请您打电话去 PLEASE CALL BACK
□ 令友曾到访 PARTY CAME TO SEE YOU
□ 令友将再次来访 PARTY WILL COME AGAIN

MESSAGE 留言：
_____
_____
_____
_____
_____
_____
_____
_____
_____

　　　　　　　　　　　　　　　　　　　　CLERK 经办人 _____
　　　　　　　　　　　　　　　　　　　　THANK YOU！谢谢！

任务单　如何留言

一、请根据访客留言单的内容，归纳电话留言服务中所需记录的关键信息，并复述服务的基本程序及要求。

1. 电话留言记录信息：

2. 电话留言基本服务程序及要求：

二、请根据下面的任务条件进行访客留言服务，并填写留言单，以小组为单位练习后进行任务展示。

任务条件：某天，话务员接到外线，本市某公司李经理请求转接住在酒店2118房间的王梅女士，结果客人不在房间。客人提出留言服务，要求转达："由于相关领导时间安排有变，原定于次日下午两点在其公司第一会议室召开的商务洽谈会议推迟至3点开始，地点不变。"

访客留言单

WHILE YOU WERE OUT
TO致 Mr.先生 _____
　　　 Ms.女士 _____
ROOM No. 房号 _____
TIME 时间 _____
DATE日期 _____

YOU HAD A TELEPHONE CALL
贵客有电话来自
FROM Mr.先生 _____
　　　　 Ms.女士 _____

TEL No. 电话号码 _____　　　　PLACE位置 _____

☐ 令友并无留言 PARTY LEFT NO MESSAGE
☐ 令友将再给您电话 PARTY WILL CALL YOU AGAIN
☐ 请您打电话去 PLEASE CALL BACK
☐ 令友曾到访 PARTY CAME TO SEE YOU
☐ 令友将再次来访 PARTY WILL COME AGAIN

(续表)

```
MESSAGE 留言：
_____
_____
_____
_____
_____
_____
_____
                                    CLERK经办人_____
                                    THANK YOU！谢谢！
```

任务评价

评价项目	具体要求	评价 ☺	评价 😐	评价 ☹	建议
电话留言服务知识自评	1. 熟悉电话留言服务程序				
	2. 熟悉留言单填写要求				
电话留言服务任务学生互评	1. 能够按总机话务员服务要求独立完成电话留言服务				
	2. 能够正确填写电话留言单				
	3. 服务意识主动、积极，符合电话服务礼仪要求				
电话留言服务小组活动教师评价	1. 团队气氛融洽、分工明确				
	2. 所有成员积极参与知识学习，效果好				
	3. 所有成员积极参与服务任务练习，展示效果好				
总计		个	个	个	总评
在电话留言服务中，我的收获是：					
在电话留言服务中，我的不足是：					
改进方法和措施有：					

单元七

商务中心服务

酒店的商务中心通常为客人提供打印、复印、传真、翻译、文件抄写核对、会议设备及会议室出租等服务。这些服务使酒店成为商务客人的异地办公室。

任务一 认识商务中心

工作情境

随着现代社会的发展，酒店已不仅仅是一个吃、住、行、游、购、娱的场所。在酒店宾客的构成中，商务客人所占比重越来越大。商务中心就是为了满足宾客的各种办公需求而设立的一个服务项目。设立一个功能较为齐全的商务中心，以吸引更多的客源尤其是商务客人，会对酒店的经济收益起到积极作用。

具体工作任务

- 了解酒店商务中心。

活动 了解商务中心

作为酒店商务中心(Business Center)的服务人员，应全面了解和掌握酒店商务中心的设施设备，才能更好地为宾客服务。

信息页一 商务中心的服务项目

根据我国国家旅游局颁布的《星级酒店评定标准》要求，四星级以上的酒店必须每天24小时，三星级和三星级以下的酒店必须每天16小时为客人提供周到、细致的各项商务服务。商务中心是商务客人的常到之处，也是高星级酒店的重要标志之一。商务中心服务质量的优劣，直接关系到客人商旅活动的成功与否，还将影响酒店甚至国家的声誉。商务中心的业务通常包括下列项目。

(1) 传真服务。

(2) 复印、装订服务。

(3) 打字、打印服务。

(4) 翻译服务、秘书服务。

(5) 设备出租服务。

(6) 会议室出租服务。

(7) 票务服务。

信息页二　商务中心工作人员素质要求

(1) 有良好的修养，热情礼貌，责任心强。

(2) 熟悉本部门业务和工作程序，掌握工作技能和技巧。

(3) 熟练掌握复印机、传真机、电脑、打字机等设备的使用与保养知识及操作规程。

(4) 知识面广，有较强的英语听、说、读、写能力。

(5) 具有熟练的计算机操作和打字技术。

(6) 熟知酒店的服务项目、设施设备。

(7) 掌握旅游景点及娱乐方面的知识和信息。

(8) 与各交通部门保持良好关系，熟悉各种类型的票价及收费标准，以便于为客人提供订票服务。

(9) 掌握秘书工作的知识与技能。

(10) 迅速、准确地回答客人有关商务服务的各种问题。

(11) 按照服务程序与标准，为客人提供传真、电话、打字、复印等商务服务，并注意做好保密工作。

(12) 向客人提供标准的翻译服务、导游服务和秘书服务。

(13) 为客人提供出租设备，并帮助、指导客人正确使用。

(14) 负责会议室和设备的出租与服务。

(15) 接受客人的投诉，无法解决的问题及时向上级汇报。

(16) 保持工作环境的整洁及办公设备状态的良好。

任务单　认识商务中心

一、请向客人介绍酒店商务中心的服务项目。

二、看图片说出设备名称或服务项目。

任务评价

评价项目	具体要求	评价			建议
		☺	😐	☹	
认识商务中心 任务自评	1. 熟悉酒店商务中心的功能				
	2. 熟悉酒店商务中心的服务项目及基本设施				
认识商务中心 任务互评	1. 能够独立完成对客介绍服务项目				
	2. 达到商务中心人员素质要求				
小组活动 教师评价	1. 团队气氛融洽、组内分工明确				
	2. 所有成员积极参与知识学习,效果好				
	3. 所有成员积极参与任务练习,展示效果好				
总计		个	个	个	总评

在认识商务中心服务过程中,我的收获是:

在认识商务中心服务过程中,我的不足是:

改进方法和措施有:

任务二 打字复印服务

工作情境

打字复印服务是酒店商务中心必须具备的服务项目之一。它要求服务方便、快捷、准确。接受一项涉及打字、复印等多种服务于一体的工作是商务中心职员的常见工作任务。熟知服务程序，以便快捷准确地为客人提供服务。

具体工作任务

- 熟练为客人提供打字复印服务。

活动 为客人提供打字复印服务

为了细致、周到、准确、快捷地为客人提供打字复印服务，商务中心职员应准确熟练掌握复印机的使用方法，并按照服务程序为客人服务，以便最大限度地让客人满意。请根据下面的信息页来学习。

信息页一 打字服务程序

(1) 主动问候客人，接受客人的打字要求。

(2) 接过客人的原稿文件，浏览原稿，注意是否有看不清楚的地方或字符，并了解客人在字体、格式、数量等方面有无特殊要求。

(3) 询问客人用稿时间，并告知客人最快交件时间。

(4) 若无法按客人要求的时间交件，应礼貌地向客人解释，取得谅解，并在征得同意的情况下，留下客人的姓名、联系电话、房号，以便打字完成后，及时通知客人。

(5) 打字完毕后，先对照文稿检查一遍，再请客人亲自核对。若需修改，修改后再核对一遍，以确保正确。

(6) 将打印好的文件连同原稿一同交给客人，按规定价格计费并为客人开出账单，请客人付款或记账。

(7) 问清客人所打的文件是否需要存盘及需要保留的时间，若需存盘，应告知客人存盘的文件名及收费标准。

(8) 若不要保留，则删除文件。

信息页二 复印服务程序

(1) 主动问候客人，接受客人的复印要求。

(2) 问清客人需要复印的规格及数量。

(3) 告知客人复印价格。

(4) 接过客人的复印原件，按要求选择纸张规格，输入所需复印张数，确定图像深浅程度。

(5) 若要多张复印，先印一张征求客人对复印件的意见。

(6) 复印完毕，把原件交还客人，如原件是若干张，注意不要将原件的顺序弄乱。

(7) 问明客人是否要装订文件，若需要，按原件顺序和规格装订。

(8) 根据复印的张数和规格，计算费用，开立账单，办理结账手续。若客人要记账，请其出示房卡和钥匙，并在账单上签名确认。

(9) 将账目输入电脑，账单及时送前台收银处入账。

(10) 在宾客复印登记表上进行登记。

知识链接   如何使用复印机

复印机的操作是一项技术性较强的工作，如果不按正确的操作程序使用就很容易出问题。有时还会因操作不当而损坏机器，影响商务中心的服务质量和服务效率。这里我们学习一下复印机的使用常识以及一些使用经验。

一、复印机操作程序

(1) 预热

(2) 检查原稿

(3) 检查机器显示

(4) 放置原稿

(5) 设定复印份数

(6) 设定复印倍率

(7) 选择复印纸尺寸

(8) 调节复印浓度

二、复印过程中常见问题处理

复印过程中常会遇到一些问题，如卡纸、墨粉不足、废粉过多等，必须及时处理，否则将不能继续复印。复印过程中卡纸是不可避免的,但如果经常卡纸,说明机器有故障,需要进行维修。这里只谈谈偶尔卡纸的排除。

1. 卡纸

卡纸后,面板上的卡纸信号亮,这时需打开机门或左(定影器)右(进纸部)侧板,取出卡住的纸张。一些高档机可显示卡纸张数,以"P1、P2"等表示,"P0"表示主机内没有卡纸,而是分页器中卡了纸。取出卡纸后,应检查纸张是否完整,不完整时应找到夹在机器内的碎纸。分页器内卡纸时,需将分页器移离主机,压下分页器进纸口,取出卡纸。

2. 纸张用完

纸张用完时面板上会出现纸盒空的信号,装入复印纸,可继续复印。

3. 墨粉不足

墨粉不足信号灯亮,表明机内墨粉已快用完,将会影响复印质量,应及时补充。有些机型出现此信号时机器会停止运转,有些机型则可继续复印。加入墨粉前应将墨粉瓶或筒摇动几次,使结块的墨粉碎成粉末。

任务单　打字复印服务

一、请简述为客人提供打字服务的基本程序。

二、请根据服务程序为客人提供复印服务。

任务条件: 住在2608房间的旭先生急急忙忙地来到商务中心,手里拿着一摞儿设计图样。原来,旭先生下午要参加一个会议,可他把自己的设计图册落在了出租车上。在来不及找的情况下,他只好拿着原图来复印了……

任务评价

评价项目	具体要求	评价			建议
		😊	😐	☹️	
打字复印服务知识自评	1. 熟悉打字服务程序及要求				
	2. 熟悉复印服务程序及要求				
打字复印服务任务互评	1. 能够独立完成为客打字复印服务				
	2. 服务意识积极、主动,符合服务礼仪要求				
小组活动教师评价	1. 团队气氛融洽、组内分工明确				
	2. 所有成员积极参与知识学习,效果好				
	3. 所有成员积极参与任务练习,展示效果好				
总计		个	个	个	总评

在打字复印服务工作中,我的收获是:

在打字复印服务工作中,我的不足是:

改进方法和措施有:

任务三 **收发传真服务**

工作情境

在上一个工作任务中我们学习了商务中心打字复印服务的相关知识。下面让我们再了解一下商务中心的另一项工作内容——收发传真服务。

具体工作任务

- 熟练为客人收发传真。

活动 提供收发传真服务

受理客人传真服务，客人姓名、房号、发往国家或地区及文稿内容等信息，需在登记表格中填写清楚、准确，保持发送呼号、线路沟通快速，操作技术熟练。发送时间一般不超过10分钟。传真服务过程中应做到服务热情周到，收发快速准确，收费手续规范。

信息页一 传真服务

一、发送传真服务程序

(1) 主动问候客人，接受客人发送传真的要求。

(2) 请客人在传真发送表上写清姓名、日期、传真号码、发往地址等，并签名确认。

(3) 认真核对传真发送表上填写的各项内容，确认无误后，接过客人的传真稿件置于机上。

(4) 发送。

(5) 根据收费标准和发送时间开出收费单，向客人收取费用。店外客人必须现金付账，而住店客人要求记账时，应请客人出示房卡或钥匙，并通过电脑确认客人的姓名、房号等，然后请客人在收费单上签名确认。

(6) 将账目输入电脑，账单及时送前台收银处入账。

(7) 做好传真发送情况的记录。

二、接收传真服务程序

(1) 将传真机上自动收到的传真进行分类。

(2) 酒店内部的传真由行李员送往指定部门。

(3) 店外客人的传真则根据传真上提供的信息，电告收件人，等客人前来领取，并按酒店收费标准收取费用。

(4) 店内客人的传真：①通过查询电脑，确认收件人的房号和姓名，若传真中提供姓名及房号则应核实，确保无误；②电话通知客人，若客人要求送进房间，则开具账单让行李员送至房间；③若客人不在房，应通知总台问讯处留言；④如果客人已离店，将传真保留在商务中心，打电话至预订处查询客人下一段有无预订；⑤如果客人尚未到店但有预订，则以留言的形式，由总台通知客人。

(5) 对找不到接收者的传真，保留半个月，每日每班在当日抵店和预订的客人名单中查找，半个月后集中处理。

(6) 及时记录通知客人的情况及具体时间。

(7) 客人前来取传真时,准确计算张数及费用,按酒店标准填写收费单,按规定收取费用或计入客人账户。

信息页二 商务中心收费服务单(如表7-3-1所示)

表7-3-1 商务中心收费服务单

服务项目	价格		费用小计
打字	A4	×元/张	
复印	A4、B5	×元/张	
	A3、B4、证件	×元/张	
传真	收:		
	发:		
	市内	×元/张	
	国内市外	×元/张	
	港、澳、台	×元/张	
	国际	×元/张	
扫描	A4	×元/张	
会议室	详见会议室情况一览表		
饮品	瓶装水	×元/瓶	
设备出租	详见会议室情况一览表		
费用合计			

负责人签字: 　　　　　　　　　　　　　　　　日期:

知识链接　　特殊的原件

当客人要求传真一些字体小、行距太近的文件时,服务员一定要注意提醒。因为再清晰的传真机也传不清楚此类文件。所以,商务中心服务员要对每份将要传真的文件大体看一下,如出现此类情况应当首先提醒客人,可以采取放大复印再传出的办法来避免传真件模糊不清。同时,要将传真调至超清晰的位置,尽量放慢传真的速度,以提高其清晰度。

任务单　熟悉收发传真

一、请回顾本活动环节的专业知识,熟悉接收和发送传真的工作过程,完成下表。

单元七 商务中心服务

发送传真程序	接收传真程序

二、请根据所学知识和服务要求对下面的案例进行分析。

案例

住店客人史密斯先生拿着一份密密麻麻、整理好的数据单匆忙来到酒店商务中心，还有15分钟总公司就要拿这些数据与合作公司谈笔生意。"请马上将这份文件传去美国，号码是……"史密斯先生一到商务中心便将数据单交给服务员要求传真。服务员拿过传件赶紧往传真机上放，通过熟练的操作程序，很快将数据单传真过去，而且传真机打出报告单为"OK"！史密斯先生直舒一口气，一切搞定。

第二天，商务中心刚开始营业，史密斯先生便气冲冲地指责道："你们酒店是什么传真机，昨天传出的这份文件一片模糊，一个字也看不清。"服务员接过史密斯先生手中的原件，只见传真件上写满了大大小小的数据，但能看清。而酒店的传真机一直是好的。昨天一连发出20多份传真件都没问题，为什么史密斯先生的传真件会出现这样的状况呢？

分析

任务评价

评价项目	具体要求	评价			建议
		☺	😐	☹	
收发传真服务知识自评	1. 熟悉收发传真服务流程与要求				
	2. 熟悉传真服务中的注意事项,能够正确分析案例中出现的问题				
小组活动教师评价	1. 团队气氛融洽,分工明确				
	2. 所有成员积极参与知识学习,效果好				
	3. 所有成员积极参与任务练习				
	4. 案例分析正确、讨论认真				
总计		个	个	个	总评
在收发传真服务工作中,我的收获是:					
在收发传真服务工作中,我的不足是:					
改进方法和措施有:					

任务四 秘书服务

工作情境

酒店秘书服务就像办公室里的工作一样,通常有翻译、打字及复印等工作,商务中心会在办公时间为客人提供以上服务。当客人要求临时租用秘书时,应提前通知酒店预订。一般而言,以上服务均由当班主管直接负责,而且只有商务中心内提供。

具体工作任务

- 商务客人需要翻译服务。

活动 ▶ 提供翻译服务

当客人有翻译业务需求时，应热情接下任务；翻译成文后，交部门审阅，打出草稿给客人，并接受客人的修改；完成译文以后，在"每日服务记录"上进行登记。

信息页一 提供翻译服务的工作程序

(1) 主动向客人问好，接受客人的翻译要求。
(2) 问清需要笔译还是口译，哪一个语种，哪一个范畴，什么时间。
(3) 与客人当面核对需要翻译的文件内容，有不清楚的地方当面询问客人。
(4) 问清客人房号，请客人出示房卡或钥匙。
(5) 根据收费标准，向客人报价，并根据内容的多少约定取稿时间。
(6) 立即与酒店的翻译公司或相应人员联系，说明要求。
(7) 如果是口译，应与翻译公司敲定口译人员的接洽时间与地点，然后让客人来确定。
(8) 如果是笔译，应将翻译文件传真至翻译公司。
(9) 口译完毕后，与客人取得联系，开出账单，请客人签单或付现金。
(10) 翻译公司笔译完成的文件传真至商务中心后，立即与客人取得联系，将文件交给客人，开出账单，请客人签单或付现金。
(11) 按约定的时间，准时向客人交稿。若交稿时间有变动，应提前向客人解释，取得客人的谅解。
(12) 根据收费标准，开出账单，办理结账手续并将账目输入电脑。
(13) 在翻译工作日志上进行登记。

信息页二 笔译及口译服务

酒店一般向客人提供简单的普通笔译服务，如果是较复杂或专业的翻译及其他语种的翻译，则应与当地的翻译公司挂钩而为客人提供服务；翻译服务基本是由当班主管直接负责；酒店商务中心仅为客人提供翻译服务，如果有任何法律方面的翻译问题出现，酒店将不负任何法律责任，这一点必须事先向客人声明；酒店可以通过翻译公司为客人提供口头翻译服务，而客人必须至少提前一天通知酒店。

一、笔译服务(Translation Service)

(1) 阅读文稿,看其是否能在客人所要求的时间内完成。

(2) 向客人说明有关收费规定。

(3) 假如客人不是酒店住客,请客人留下电话号码及公司名称,以便于联络。

(4) 通知本地翻译公司,要求他们来取客人稿件的影印本,原件由商务中心保留,同时,把有关客人要求的资料告诉翻译公司,此外,应与对方确认收费金额。

(5) 向翻译公司获取完成日期,并记录在"笔译备忘录"上,要求对方人员签收。

(6) 当翻译公司送回翻译完毕之稿件后,应通知客人领取签收。

(7) 整理"商务中心服务收费单",并请客人签认,把头两联给前台收银处入账,第三联留作存档。

(8) 在"商务中心营业报表"上作记录。

(9) 完成备忘录。

二、口译服务(Interpreting Service)

(1) 当客人要求口头翻译(口译)服务时,应向客人获取如下资料:语言种类;何时及需要多长时间;怎样翻译;在哪里翻译。

(2) 向客人说明有关收费标准。

(3) 通知与酒店挂钩的翻译公司,看其是否能在客人要求的时间内提供服务,之后再与客人确认。

(4) 在"口头翻译服务备忘录"上作记录。

(5) 该服务完成后,整理"商务中心服务收费凭单",其处理方法与上述相同。

(6) 填写"商务中心营业报告表"。

需要注意的是:预订该项服务时,应向客人说明,如果他们要取消该项服务,则应付取消手续费给对方翻译公司。

信息页三 酒店翻译报价单

某酒店的翻译报价单,如表7-4-1所示。

表7-4-1 酒店翻译报价单

项目名目		报价	备注
中译外	中文译成英文	300元/千字	1. 字数计算:本收费标准按照中文字数(外译外按照原文字数计算)进行统计,具体字数按照Word文档中中文"字符数(不计空格)"

(续表)

项目名目		报价	备注
中文译成日/德/法/俄		500元/千字	进行计算，不足1000字按1000字计算，1000字以上按实际字数计算 2. 客户提供的文件格式原则上须为Word或Txt格式的电子文档；如果是纸质文档或其他无法直接编辑的电子文档格式需加收文件处理费用，包括文件的复印、整理、其他格式电子文档的解码、转换等，文件处理收费标准为普通件标准的20%～30%；稿件格式要求复杂，制图、制表需另加费用，具体费用由双方协商 3. 交稿时间：5000字以内(含5000字)的稿件正常交稿时间为5个工作日，加急费用(3个工作日以内交稿)在原价基础上加收50%；特急费用(24小时以内交稿)在原价基础上加收100%。超出5000字的稿件加急费用为该稿件正常完成天数除以客户要求完成天数，再乘以单价
中文译成其他小语种		620元/千字	

任务单　提供翻译服务

请回顾前面所学的专业知识和服务要求，根据下面的任务条件完成宾客要求的翻译服务。

任务条件：Cathy手持一份3页的文件来到酒店的商务中心，需要酒店提供翻译服务。作为商务中心的服务人员，请根据所学的服务流程，完成下表。

商务中心翻译服务备忘录

客人姓名	房间号码	公司名称	翻译类型	付款方式
			○ 笔译 ○ 口译	○ 现金 ○ 信用卡

备注：

联系人姓名：

电话号码：　　　　传真号码：

受理日期：

完成日期：

服务员：

任务评价

评价项目	具体要求	评价			建议
		😊	😐	☹️	
翻译服务知识自评	1. 熟悉翻译等商务秘书服务项目				
	2. 熟悉翻译等服务项目的操作要求				
翻译服务任务互评	1. 能够顺利地为客人提供和安排翻译服务				
	2. 符合服务操作程序及要求				
	3. 服务意识积极主动，符合服务礼仪规范要求				
总计		个	个	个	总评

在提供翻译服务工作中，我的收获是：

在提供翻译服务工作中，我的不足是：

改进方法和措施有：

任务五 会议服务

工作情境

酒店商务设施的齐全与否和会议服务的质量高低都体现了酒店的规模和档次。除享受专业、周到的会议服务外，客人还可以租用商务中心的会议室及配套的会议设施设备。

具体工作任务

- 熟悉酒店商务中心的设施设备；
- 熟练为客人提供租用两间会议室的服务。

活动一 会议设施设备

作为酒店商务中心的工作人员,应全面了解和掌握酒店商务中心的设施设备,才能更好地为宾客服务。

信息页 商务中心应配备的设施设备

一个功能齐全的商务中心应配备以下设施设备。

(1) 复印机。

(2) 传真机。

(3) 电脑及打印机。

(4) 直拨长途电话。

(5) 碎纸机。

(6) 装订机及配套用品。

(7) 办公桌及沙发。

(8) 会议室及会议设备,如幻灯机、投影仪、白板、录像机、电视机等。

(9) 书报架及一定数量的供客人翻阅的图书、杂志、报纸等。

(10) 商用辅助工具,如字典、计算器、电话簿、指南、车船时刻表和其他信息资料等。

(11) 其他办公用品、文具等。

> **任务单　熟悉商务中心设施设备**
>
> 请实地考察两家星级酒店,并记录你所观察到的商务中心设施设备,以及客人可租用的设备有哪些?

活动二　会议室租赁与服务

酒店可备有小型会议室供客人租用。商务中心向客人提供会议服务,同时还提供按对方要求布置会议室的服务。在会议室出租一小时前检查会议室布置规格和用品摆放,以及会议室是否整洁,确保为客人提供整洁、舒适的开会环境,发现问题及时解决。

信息页一　会议室服务程序

中华人民共和国《旅游涉外饭店星级的划分及评定》规定,四、五星级酒店商务设施应有可以容纳不少于10人的会议室。会议室服务包括会议室出租和客人会议洽谈期间的服务两部分,其服务程序如下。

(1) 主动问候客人。

(2) 了解洽谈需要的相关服务。向客人详细了解会议室使用时间、参加人数、服务要求(如座席卡、热毛巾、鲜花、水果、点心、茶水、文具等)、设备要求(如投影仪、白板等)等信息。

(3) 出租受理。主动向客人介绍会议室出租收费标准。当客人确定租用后,按规定办理会议室预订手续。

(4) 会议室准备。提前半小时按客人要求准备好会议室，包括安排好座席、文具用品、茶具用品、茶水及点心等，检查会议设施设备是否正常。

(5) 会议服务。当客人来到时，主动引领客人进入会议室，请客人入座；按上茶服务程序为客人上茶；会议中每隔20分钟为客人续一次水。如果客人在会议中提出其他商务服务要求，应尽量满足。

(6) 结账。会议结束，礼貌地送走与会客人，并按规定请会议负责人办理结账手续。

(7) 向客人致谢并道别。

信息页二　会议室的预订及使用

一、会议室预订

(1) 客户预订会议室时，先查看会议预订表，核实有无空置，如空置则接受预订；如已有公司预订，则应在确认前预订仍生效的情况下再回绝本次预订。

(2) 问清有关细节，填写会议预订表。

① 公司名称、联系人。

② 会议日期和时间。

③ 会议形式和人数，告知收费标准。

④ 询问是否需要提供会议设施设备，并告知会议期间可免费提供白板、电视机、录像机、幻灯片、铅笔、纸等。

⑤ 告知会议期间免费提供饮用水。询问是否需要提供咖啡、茶水、点心或其他饮料，告知单价。

⑥ 询问其他要求，尽量做到不拒绝。最后核对预订内容，详细填写预订表。

二、会议室预订确认

在预订开会日期的前一天，致电相关公司联系人，再次核对确认预订内容。修改后，复印预订表两份，分别致主管、保洁员。

三、会议室使用

(1) 基本做到会议前半小时，会议室处于准备好的状态。

按客户要求的会议形式做好设备设施的准备，纸、笔、杯子等以统一的方式摆放，另按客户的其他特殊要求做好相应准备。

(2) 从第一个客人进入开始，服务员便要主动询问、指明方向，及时提供茶水服务。

(3) 适当时候向客户致欢迎词"欢迎您到商务中心"，并向其展示所需设备。询问客户有何要求，若有则记录下来。最后告知若需其他服务请通知商务中心。

(4) 客户开始使用会议室时，在"会议室使用记录表"上登记客户名称、房号、服务项目及开始使用的时间。

(5) 会议室使用完毕后，记录下时间和产生的费用，请会议联络人或组织者签字确认。然后，由前台通知保洁员清扫。

四、相关注意事项

(1) 所有电线应由内部员工保管。若客户连续几天租借和使用会议室，应每天收回电线。

(2) 安装好设备。保证客户可随时正常使用。

(3) 遥控器应和相应设备放在一起。

(4) 所有设备应放在规定位置，以便向客户介绍。

信息页三　会议室租赁及服务价格表

下面，我们以某酒店会议室租赁及服务价格表(如表7-5-1所示)为例熟悉具体内容。

表7-5-1　会议室租赁及服务价格表

	宴会、会议场所名称	面积(m^2)	价格(元)	
			半天(4小时)	全天(8小时)
会议室	多功能厅(100人)	300	1500	3000
	宴会厅(100人)	300	1500	3000
	第一会议室(30人)	100	1000	2000
	第二会议室(15~20人)	60	600	1200
	第三会议室(8~10人)	30	600	1200
备注：每4小时为1节，超时另计				

(1) 会议期间，每4小时为1节，超出部分的时间，不足1小时，按1小时收费。

(2) 租用会议室费用，包含：空调、灯光、铅笔、白纸、矿泉水、投影幕、麦克风、激光教鞭、水牌(会议名称标识牌)、会场座椅布置、会时接待服务、保洁服务、技术人员1名、保安服务等。

信息页四 会议室预订单(如表7-5-2所示)

表7-5-2 会议室预订单

会议室No.			预订日期:	
会议日期		会议时间		
预订单位		预订人及联系方式:		
会议人数				

租金:　　　　元/小时　　　　　　　小计:　　　　元

所需设施设备(在需要项的前面画√):

□纸　　　□笔　　　□白板　　　□白板笔　　　□投影幕　　　□投影仪
□电视　　□麦克　　□其他

　　　　　　　　　　　　　　　　　　　　租金费用小计:　　　　元

所需饮品(在需要项的前面画√):
□瓶装矿泉水　　　瓶　　　□茶水　　　位　　　□咖啡　　　位

　　　　　　　　　　　　　　　　　　　　饮品费用小计:　　　　元

费用总计:　　　　　　　　　　　财务签字:

使用前(需用事项确认):　　会议室管理员签字:　　　　主管签字:
　　　客户签字:　　　　　　　　　　　　　日期:

使用后(使用时间确认):　　会议室管理员签字:
　　　客户签字:　　　　　　　　　　　　　日期:

任务单 会议室出租服务

请回顾前面所学的专业知识和服务要求,根据下面的任务条件填写"会议预订备忘录"。

任务条件:今天××公司要与其合作伙伴完成某项目的合同签订工作。住在酒店里的公司办公室主任张先生要租用一个8人左右的小型会议室,同时要求酒店提供相关文具和投影设备。请根据所学的服务流程,完成下表。

会议预订备忘录

客人姓名	公司名称	会议人数	会议室价格	付款方式
				□现金 □信用卡

备注:

联系人姓名:
电话号码:　　　　　　传真号码:
受理日期:
会议日期:
服务员:

任务评价

评价项目	具体要求	评价			建议
		😊	😐	☹️	
会议服务知识自评	1. 熟悉商务中心会议设施设备				
	2. 熟悉商务中心会议室出租办法及程序				
	3. 熟悉商务中心会议室服务内容及程序				
会议服务学生互评	1. 能够顺利为客人提供会议室租赁服务				
	2. 能够为客人安排相关会议服务				
	3. 服务意识积极主动，符合服务礼仪规范要求				
小组活动教师评价	1. 团队气氛融洽、分工明确				
	2. 所有成员积极参与知识学习，效果好				
	3. 所有成员积极参与任务练习，展示效果好				
总计		个	个	个	总评

在会议服务工作中，我的收获是：

在会议服务工作中，我的不足是：

改进方法和措施有：

单元八

商务楼层服务

"商务楼层/行政楼层"(Business Floor/Executive Floor)是高级酒店(通常为四星级或以上)为了接待高档商务宾客及高消费宾客,向其提供特殊的优质服务而专门设立的楼层。

商务楼层隶属于前厅部。商务楼层的宾客,不必在总台办理住宿登记、结账等手续,而是直接在商务楼层有专人负责办理。另外,在商务楼层通常还设有宾客休息室(Lounge)、会客室、咖啡厅、报刊资料室、商务中心等,因此,商务楼层集酒店的前厅登记、结账、餐饮、商务中心于一身,为商务宾客提供更为温馨的环境和各种便利的条件,让客人享受更加优质的服务。商务楼层被誉为酒店的"店中之店"。

任务一 推销商务楼层

工作情境

商务楼层的功能齐全，不仅为住客提供方便和安全的通信系统，而且通常还提供各种会议场所、餐饮、娱乐、商务中心等服务系统及其他特约服务，在保障住客的人身、财产安全前提下，让客人住宿更为方便、舒适，环境更为安静优美，足不出户即可办好想要办的各种事情。这一切正是公务客人所追求的。随着公务旅游人数的不断增长，对此类楼层的需求也在不断增长。商务楼层为客人提供个性化服务，以满足客人的需求，这就要求商务楼层的员工应该外向开朗、热心助人、勤于观察、工作耐心、彬彬有礼。客人能从服务人员的眼睛里感受到亲切、诚恳、热情和自豪，其提供的服务是上乘的。在商务楼层，只有客人想不到的，没有工作人员办不到的，酒店员工总能给客人意外的惊喜。

具体工作任务

- 熟练推销商务楼层。

活动 熟练推销商务楼层

接下来，让我们通过下面的信息页学习酒店商务楼层的起源、发展和服务，以及商务楼层与其他楼层的区别。

信息页一 商务楼层的出现

在大型高级酒店，会利用客房楼层的一部分，集中设置面向高消费客人的豪华客房。这种客房的家具、日用品等极为高档，室内装饰也极其豪华。住宿客人一般是级别较高的行政官员、金融大亨、商业巨子或其他社会名流。这种特定的楼层即为商务楼层。

商务楼层，一般处于相对独立的楼层，设有专门的大厅或称酒廊(内有休息室、洽谈室等)，又叫超级沙龙(Executive Salon)。

入口处设有前台，由专职服务人员负责登记开房、结账退房、信息咨询、侍从陪护等服务业务。另外，这里还为客人提供出租办公设备、收发传真、复制影印资料文件等服务。在这里值班的专职人员的称呼，各酒店不尽相同。在外资经营的企业称之为"贴身管家"(Butler)，他们的职责，除上述各项服务外，还要检查房间，有时也做清扫。在专用大厅，早晨提供早餐，下午3:00—5:00是茶点服务，6:00—7:00是鸡尾酒服务。这些场合提供的各种饮料、点心和冷盘，一概免费。

商务楼层的发祥地是美国。日本著名的王子酒店集团在长崎的15层酒店提供特种服务，即保留第14层楼的客房专供女性宾客或女性国际商务旅游者使用。美国洛杉矶的凯悦丽晶酒店为公务客人提供可以做各方面研究的图书室。中国香港的九龙酒店在其商务客房内的电视中开设了"电视资讯中心"，提供航班抵港/离港等资料。

为了满足商务客人的需求，领先占有商务客人市场，我国的部分酒店也已经拥有了豪华的商务楼层。有些酒店也已开始投入巨资，改变原有酒店类型，建设更有针对性的功能齐全的商务楼层。

信息页二　商务楼层的服务

入住商务楼层的客人除希望得到一般宾客"家外之家"的享受外，更希望得到"公司外公司"的服务。这便要求酒店能为这些公务客人提供其从事公务活动所需要的服务，如管理服务、经纪服务、信息服务、文秘服务、交通服务、休闲服务和保健服务等。他们倾向于专门的早餐和酒吧；要求有适当的洽谈公务的场所；需要齐全的娱乐健身设施，如健身房、网球场、游泳池、桑拿浴等；要求房间内提供更多的文具，有保险柜、供会客用的额外椅子等；对传真、电话、电脑、打字、复印、秘书等商务服务有很高的要求；希望酒店能具备快捷方便的通信手段；对价格和付款方式往往不太注重；对叫醒服务、邮件传递服务、洗熨衣服等较其他客人有更高的要求。价格昂贵的行政楼层一般还提供许多特殊服务，如"直接办理入住登记的前台"。在这里，设有客人专用座椅，客人不用排队办理入住手续，可边办手续边休息。酒店往往也同时为客人提供免费的酒水和饮料，以供客人在长途旅行之后消除疲倦和解渴。这里的服务员都是经过专门训练的高级职员，外语娴熟，谈吐优雅，而且反应敏捷，能在最短时间内办好所有事项，能尽可能多地与客人沟通、交流以提供个性化服务。"推迟离店时间"——离店结账时间一直延续到下午6点，完全符合商务客人的活动规律。"高度私人化服务"——在酒店例行的服务程序和规范上增加了更多符合商务客人自身喜好的服务项目。洗熨衣服是一项非常重要的服务内容，因为参加公务活动的客人首先要树立良好的个人形象，保持整洁体面。提供交通服务，有便捷的因素，也有省钱、省时和体面的因素。

提供个性化服务是商务楼层客人的普遍要求，因此，酒店应根据收集到的客人详细资料，尽可能地提供针对性服务，达到服务的高水准。对于入住商务楼层的客人，酒店应通过网上信息平台获取其兴趣与偏好，针对客人的个性需求和自身能力更新整合酒店产品，全面提升对客服务和酒店管理水平，充分体现酒店与顾客共同设计产品的特色。客人们在自己参与"设计"的酒店里，会得到最高限度的满足。威斯汀酒店发现顾客在登记入住时期望更多的个人接触，并且喜欢参与登记注册过程，他们便发起一项"PODS"活动。"PODS"是"提供区别服务的人们"(People Offering Distinctive Service)的缩写。"PODS"的优势在于消除了心理障碍，让员工提供友好、个性化的服务。如，夏威夷Waikoloa(唯客乐)酒店为顾客提供多项选择，如果你是赛车迷，随时可以坐上一辆法拉利赛车在Waikoloa的私人赛车场上尽兴；如果你想同海豚一起游泳，Waikoloa可以为你提供与受过训练的海豚一起探密珊瑚礁的机会。马里奥特的庭院酒店引进自助客房点餐服务，顾客通过电话向厨房点菜，菜准备好后客人自己到厨房去取。还有酒店利用音像设备把酒吧的顾客变成歌星。Hilton(希乐顿)集团针对商务旅游者的特点，提供个性化服务，像快速住房、退房，优先订房，并提供全球速递服务，即把旅客的邮件专人送到世界各地145个城市内的任何指定地点，只需24～72小时。

信息页三　商务楼层服务员的素质要求

为了向商务客人提供更加优质的服务，要求商务楼层员工，无论是管理人员还是服务人员，都必须具备很高的素质。

(1) 气质高雅，有良好的形象和身材。

(2) 工作耐心细致，诚实可靠，礼貌待人。

(3) 知识面宽，有扎实的文化功底和专业素质，接待人员最好有大专以上学历，管理人员应有本科以上学历。

(4) 熟练掌握商务楼层各项服务程序和工作标准。

(5) 英语口语表达流利，英文书写能力达到高级水平。

(6) 具备多年酒店前厅、餐饮部门的服务或管理工作经验，掌握接待、账务、餐饮、商务中心等服务技巧。

(7) 有较强的合作精神和协调能力，能够与各业务部门协调配合。

(8) 善于与宾客交往，能巧妙、艺术地处理客人的投诉。

信息页四　商务楼层日常工作流程

(1) 7:00，商务楼层接待员到前厅签到，并到信箱拿取有关邮件，与夜班交接。

(2) 7:00—7:30，打出房间状况报表，包括当日到店客人名单、在店客人名单等。在客人名单上将当日预计离店客人用彩笔标出，以便为当日离店客人做好相应服务。商务楼层当班人员按职责分工完成以下工作。

① A组负责接待、收银、商务中心等工作。

② B组负责早餐、鲜花、水果等工作。

(3) 准备鲜花、水果。检查前一天夜班准备的总经理欢迎卡、商务楼层欢迎卡，根据当日到店客人名单逐一核对。鲜花、水果及两张欢迎卡要在客人到店之前送入预分好的房间(此项工作要由专人负责)。

(4) 7:00—10:00，早餐服务。早餐后开当日例会，由主管传达酒店信息及酒店近期重要活动。

(5) 为到店客人办理入住手续及呈送欢迎茶，为离店客人办理结账，并与客人道别。

(6) 检查客人是否需要熨衣、商务秘书、确认机票等服务，随时、主动地为客人提供帮助，并告知哪些服务是免费的。A组、B组员工要根据当时的情况互相帮助，彼此配合。

(7) 10:00—15:00，管家查房，并将鲜花、水果、欢迎卡等送入预计到店的客人房间。

(8) 中班于13:30报到，打报表(内容同早班)，检查房间卫生及维修工作。15:30与早班交接班。B组服务员负责服务下午茶和鸡尾酒。中班还要做第二天的准备工作，如打印第二天的欢迎卡、申领水果和酒水等。

(9) 夜班时前厅、客房将代理商务楼层服务工作。

信息页五　商务楼层客人入住服务程序

(1) 当客人走出电梯后，管家微笑迎接客人，自我介绍，陪同客人的大堂副经理或销售经理将回到本岗。

(2) 在商务楼层接待台前请客人坐下。

(3) 替客人填写登记卡，请客人签名确认，注意检查客人护照、付款方式、离店日期与时间，确认机票，收"到店客人行李卡"等。

(4) 在客人办理入住登记过程中呈送欢迎茶。此时，应礼貌地称呼客人姓名，并介绍自己，同时将热毛巾和茶水送到客人面前。如果客人是回头客，应欢迎客人再次光临。要求整个过程不超过5分钟。

(5) 在送客人进房间之前应介绍商务楼层设施与服务，包括早餐时间、下午茶时间、鸡尾酒时间、图书报刊赠阅、会议服务、免费熨衣服务、委托代办服务、擦鞋服务等。

(6) 在客人左前一步引领客人进房，与客人交谈，看是否能给客人更多帮助。

(7) 示范客人如何使用钥匙卡，连同欢迎卡一同给客人，介绍房间设施，并祝客人居住愉快。

(8) 通知前厅行李员根据行李卡号和房间号在10分钟之内将行李送到客人房间。

(9) 在早餐、下午茶、鸡尾酒服务时间，接待员应主动邀请新入住的客人参加。

知识链接

"贴身管家"

自从贴身管家服务出现后，酒店的服务和经营管理理念就发生了巨大的变化。在商务楼层的接待台直接办理入住已经充分体现了商务楼层客人尊贵的地位和身份，但在有些酒店，这还不够。现在，入住商务楼层，从宾客入店的那一刻起，贴身管家就开始办理入住登记(In-room Check-in)了。送宾客进入房间并安顿好后，一切已办理完毕。快捷方便、自然流畅，可谓真正意义上体现了贴身管家的"贴心服务"。

任务单　推销商务楼层

一、请在下表中列举出酒店商务楼层与普通楼层的区别。

	酒店普通楼层	酒店商务楼层
服务项目		
设施设备		
服务程度		

二、商务客人公务繁忙，对住宿要求高。请根据下面的任务条件，结合所学知识向客人推销商务楼层。

任务条件：张先生，某企业高管，行色匆匆地来到酒店前台要求办理住宿登记。此时，大堂内刚好有两个团队在等待办理入住，而张先生事前也没有预订，可他一小时后要约客人谈事情。针对此情形，作为接待员应如何处理？

任务评价

评价项目	具体要求	评价			建议
		😀	😐	😞	
商务楼层知识自评	1. 熟悉商务楼层的概念、由来等相关知识				
	2. 熟悉商务楼层服务特点				
	3. 熟悉商务楼层服务要求				
商务楼层服务任务互评	1. 能够顺利地向客人推销商务楼层产品				
	2. 商务楼层特点介绍全面				
	3. 服务意识积极主动、符合服务礼仪规范要求				
小组活动教师评价	1. 团队气氛融洽、分工明确				
	2. 所有成员积极参与知识学习，效果好				
	3. 所有成员积极参与任务练习，展示效果好				
总计		个	个	个	总评

在推销商务楼层的工作中，我的收获是：

在推销商务楼层的工作中，我的不足是：

改进方法和措施有：

任务二 贴身管家服务

工作情境

在上一个工作任务中学习了解了酒店商务楼层的起源和发展、商务楼层的服务特点等，其中提到了"贴身管家"这一古老而又年轻的服务项目。究竟什么是"管家服务"？如何做好贴身管家，提供优质高效服务呢？下面让我们来详细了解一下吧。

具体工作任务

- 认识"管家"；
- 熟练提供"贴心的服务"。

活动一 认识"管家"

"贴身管家",源于英国早期贵族家庭中的管家服务,如今已经演变成星级酒店内的"贴身管家"服务。请根据下面的信息页来了解和学习这项工作的起源、发展及服务。

信息页 认识"管家"

自从有了"家",就有了"管家的行为"。"管家"成为一种职业,是在"家庭"这一元素的家族化、贫富分化等系列社会演变中日渐成型的。"管家"最早出现在皇家和王室中,专门负责组织并提供日常饮食起居服务的人就是"管家",其后"管家"的服务对象扩大到了王孙贵族和有消费能力与需求的家庭。

成型、有影响力并成为一种尊贵服务代表的"英式管家",距今已有700多年的历史。在这样一个漫长的过程中,管家的服务对象、服务形式与服务内容都得到了不断完善和发展。管家的服务理念、服务方式也被越来越多的服务性企业所导入和应用。

管家式服务经历了漫长的发展演变过程,其中,服务于王公贵族的"管家"、服务于大户人家的"管家"和服务于高级酒店的"管家",是管家式服务的3个基本缩影。

英式管家服务是贵族家庭的延续和发展,最传统的形式是一个"私人贴身管家"为一个"家庭"服务,其定位的管家所代表的是高级家政服务。但随着"管家服务"的对象、内容及形式的变化,高级家政服务的管家定位也发生了很大变化。

英国的伦敦酒店率先将"私人贴身管家服务"与酒店特有的服务完美结合,进而创新和衍生出酒店管家和酒店管家服务。也就是说,"贴身管家"是一个更专业化、私人化的高档酒店服务,是把酒店当中分项的服务集中到一个高素质的服务人员身上,为客人提供个性化服务。管家式服务已经成为国际酒店业竞争发展的主流趋势。英国专业管家行会会长兼董事长罗伯特·沃特森先生说过:"管家服务是管家协调所达成的无缝隙服务,是实现客人高度满意的服务途径!"

知识链接 "电脑金钥匙"

入住商务楼层的客人对高科技的要求越来越高,这便迫使商务楼层的客房势必装置高速上网设备,将电话、电视与资讯存取融为一体,提供语音、数据和视像服务,从而提高酒店总体智能水平。并且,由此还从金钥匙委托服务衍生出了专为商务客人提供电脑技术服务的"技术侍从"（Technology Butler）。一旦客人的笔记本电脑遇到麻烦或其他电子技术问题，这些电脑天才们将随叫随到，当即排除故障，保证客人顺利工作。著名的四季酒店集团和丽晶集团则撰造出一个新名词——Compcierge，由电脑和金钥匙两个单词各取一半，拼构而成，意即"电脑金钥匙"。

> **任务单　认识管家**
>
> 一、请向本组成员描述贴身管家的形象。
> ＿＿＿＿＿＿＿＿＿＿＿＿＿＿＿＿＿＿＿＿＿＿＿＿＿＿＿＿＿＿＿＿＿＿＿＿＿＿
>
> 二、每个酒店服务员都应热情对待每一位客人，更何况一名合格的贴身管家。贴身管家的服务无处不体现着为宾客着想和为酒店负责的职责。请分析和判断下面的服务项目哪些属于贴身管家的服务，在前面的□内画√。
>
> □ 1. 帮助客人登记，查验护照。
> □ 2. 会议服务。
> □ 3. 叫醒服务。
> □ 4. 带宾客外出酒店游览服务。
> □ 5. 送餐、用餐服务。
> □ 6. 负责客人到达前的查房工作。
> □ 7. 负责准备客人房间的赠品。
> □ 8. 打字服务。
> □ 9. 通知前厅服务员将客人的行李送达服务。
> □ 10. 亲自为客人洗衣服务。

活动二　提供"贴心的服务"

沟通和协调能力在管家服务中至关重要；真诚和热情对于服务好客人最为有效；把握心理和关注细节是管家服务最为有用的武器；认真负责和反应迅速是管家服务最基本的要求；满意加惊喜是其追求的最好服务。

信息页一　酒店贵宾抵达前工作标准（如表8-2-1所示）

下面，我们以某酒店为例学习宾客抵达前管家服务的基本内容。

表8-2-1　酒店贵宾抵达前工作标准

纲目：POLICY	酒店贵宾抵达前工作标准	编号：REF CODE	
执行岗位 POSITION RESPONSIBLE	酒店专职管家	直接上级 REPORTING TO	
步骤	操作要点	注意事项	
人员准备	1. 根据规格指定接待人员 2. 将客人资料交负责接待的人阅读并记忆 3. 组织或安排负责接待的人员尽可能多地收集客人资料，为服务接待做好准备 4. 准备好所需使用酒店专职管家工作报表一张，房间设施检查表一张，预抵客人资料备忘录一份	1. 明确分工，责任到人 2. 收集客人资料 3. 正确选择和使用报表	
接待工作与用具准备	1. 落实接待人员着装、手套、名片等事宜 2. 准备客人需要的各种物品 3. 联系接待需要的果蔬与鲜花等 4. 准备好对讲机、酒店房门钥匙、工作电话、物品盒等	1. 房间赠品保证齐全 2. 鲜花、果蔬保证新鲜 3. 工作用具保证齐全	
卫生设施检查	1. 检查大门地垫与走道地垫的卫生与铺设 2. 按预订进行房间设施设备检查和调试。调试电器，试水，对发现的工程问题立即注明加急报修，并跟催，直到维修问题得到解决 3. 检查房间卫生情况，并对卫生不达标的设施设备、摆放不美观的物品等事项进行调整	1. 卫生达标 2. 设施设备正常运作 3. 及时清理维修场地 4. 工具准备到位	
房间布置	1. 跟催需配入房间的鲜花、水果、糕点等，并按标准检验后摆放在规定位置 2. 整理好工具、杯垫、托盘、香巾夹、牙签、水果刀、开瓶器等必配物品 3. 烧开水，制作香巾 4. 检查其他接待用品。如欢迎茶、香巾及开水准备；检查VIP接待用品的到位情况	1. 按客人要求布置房间 2. 欢迎用品准备齐全	
空调开启准备	1. 用工作取电牌取电，开启空调及规定的房间灯 2. 将大门的门闩开启，使门处于可随时开启的关闭状态	提前一小时开启空调，用取电牌取电	
客人要求事项落实	根据客人要求进行，落实在客人到店前		
仪容仪表准备	1. 准备白手套和酒店专职管家名片(重要VIP要配戴胸花) 2. 按酒店标准进行仪容仪表准备	1. 干净白手套一副 2. 按要求进行规范接待	

信息页二　物品送达服务标准(如表8-2-2所示)

表8-2-2　物品送达服务标准

纲目：POLICY	物品送达服务标准	编号：REF CODE	
执行岗位 POSITION RESPONSIBLE	酒店服务员	直接上级 REPORTING TO	

(续表)

步骤	操作要点	注意事项
受理服务要求	1. 接受客人所需物品输送信息 2. 记录所需物品名称、数量、客人姓名和具体需要时间	仔细聆听、详细记录 回复客人
准备所需物品	1. 填写客人借物或杂项收费单据(准备客人签字用笔和单据夹) 2. 按客人所需物品要求准备相应的物品 3. 准备客人所需要输送物品的必要装运工具 4. 准备相应的配套用品	1. 所有输送给客人的物品都要进行检查，保证物品质量 2. 客人借用的小件物品要用托盘运送
敲门并等待客人的反应	1. 按标准进房程序敲门。非客人交代直接进入的，不能用工作钥匙直接进入客人房间 2. 等待客人对敲门作出反应	在房间无正常反应的情况下，可以使用门铃进行通报，同时要表明身份
展示物品	1. 向开门的客人报明物品输送服务，并请其确认 2. 获客人确认后，展示为其精心准备的物品 3. 询问是否可以进入房间，获客人许可后进入房间	小件物品输送控制在3分钟之内完成，大件物品控制在15分钟之内完成
提供租借用品服务	1. 征询客人对物品放置及后续服务的安排 2. 按客人要求进行摆放布置，结束后征询客人意见	
办理物品租借手续	1. 请客人检查物品及放置完成情况 2. 请客人在借用物品单或杂项收费单上签名确认 3. 询问客人借用物品需要的时间，有无其他要求	用皮夹夹好单据双手送上，请客人签字确认
向客人告别离开	1. 对客人表示感谢 2. 微笑得体地告别，退后3步转身离开客人房间	态度真诚，举止得体
做好客人借用物品相关工作	1. 做好所签单据存放 2. 做好输送工作记录 3. 做好交班记录	清楚记录输送服务记录；做好需要检查并收回的物品交班工作

任务单　提供贴心的服务

一、请完成下表，并根据所学知识对该服务过程中的细节加以补充。

物品送达服务

步骤	操作要点	注意事项	补充
受理服务要求	1._____客人所需物品输送信息 2._____所需物品名称	1.仔细聆听 2._____ 3.回复客人	
准备所需物品	1. 填写客人借用_____ 2. 按客人_____准备	1.所有输送物品都要_____，保证_____ 2.客人借用的小件物品要用_____	
敲门并等待客人的反应	1. 按标准的_____敲门 2. _____客人对敲门的反应	在房间无正常反应的情况下，可以使用_____进行通报，同时要	
展示物品	1. 向开门客人报明物品输送服务 2. _____ 3. _____	1. 小件物品在_____分钟之内完成 2. 大件物品在_____分钟之内完成	

二、请实地调查本地设有行政楼层或"管家服务"项目的酒店,并在下表中列出其特色服务项目及内容。

(　　　　)酒店行政楼层/管家服务项目调查表

行政楼层/贴身管家服务项目名称	具体服务内容及特点

备注:

日期:　　　　　　　　　　调查人:

任务评价

评价项目	具体要求	评价 ☺	评价 😐	评价 ☹	建议
管家服务知识自评	1. 了解管家服务的概念、由来等相关知识				
	2. 熟悉管家服务的特点				
	3. 熟悉管家服务的内容及服务要求				
管家服务任务互评	1. 能够理解管家服务的特点及要求				
	2. 能够顺利完成酒店管家服务项目调查				
	3. 调查结果真实、有效,贴近行业企业实际情况				
小组活动教师评价	1. 团队内分工明确、配合默契				
	2. 所有成员积极参与知识学习,效果好				
	3. 所有成员积极参与项目调查任务,效率高、效果好				
总计		个	个	个	总评

在贴身管家服务中,我的收获是:

在贴身管家服务中,我的不足是:

改进方法和措施有:

单元九

商品部服务

商品部(Store)既是酒店里不可或缺的"角色",又是绝对的"配角",不显山、不露水,走入酒店大堂,商品部一般都处在电梯旁边不很显眼的位置,面积为几十个平方米。商品部是星级酒店的配套设施,它的功能主要是为了方便住店客人购买物品。一般包括两个方面:一是日常生活用品和纪念品,如食品、日用百货、服装等;二是高档礼品和消费品,如工艺美术品、字画、皮件、烟酒等。

任务 帮助客人挑选和购买礼物

工作情境

入住酒店的客人有着不同的需求，商品部要配齐客人需要的吃、喝、玩等方面的产品，以保证客人不出酒店，就可以享受在家一样的感觉。现在，商品部迎来了一批客人，商品部工作人员开始为客人介绍产品，进行服务了。

具体工作任务
- 了解商品部的存在意义；
- 熟悉有针对性的导购。

活动一 了解商品部

商品部是酒店的重要组成部分，通过商品部各种产品的销售，让客人不出酒店就能买到所需的物品，同时成为宣传酒店各项服务的窗口。请根据下面的信息页了解商品部存在的意义。

信息页 商品部介绍

酒店商品部的设立主要是为了方便住店客人的购买。一般包括两个方面：一是日常生活用品和纪念品，如食品、日用百货、服装等；二是高档礼品和消费品，如工艺美术品、字画、皮件、烟酒等。

(1) 商品部可以出售特色酒店产品——服务。同样的产品可以通过服务体现附加值，如超市的可乐卖1.8元，但只有常温和冰镇两种选择，而酒店商品部的可乐完全可以配备水杯、冰块、柠檬片和吸管等，价格略高客人也会接受。再如购买高档服装时，可搭配巧克力或鲜花等，以期用服务来吸引客人的购买。有些酒店在每层客房的楼梯口放置一台插卡式小冰箱和日用品柜，客人可凭房卡刷卡消费，把商品部化整为零。

(2) 商品部可以经营缺口产品。如在酒店设置进口食品专柜，以有效弥补酒店内销售量的不足，同时，也让住店客人购物时多了一份选择。

(3) 商品部可以发挥品牌效益。经营酒店的很多人士认为，商品部应在满足客人日常消费品需求的前提下，着重选择一两种品牌商品。打造商品部整体氛围，营造品牌商品的陈列效果，令商品部成为经营中的一大亮点。我国不少星级酒店引进了一家或多家世界级服装、皮具或珠宝首饰名牌，不仅方便了高消费群体客人的购买需要，同时对酒店自身的形象和影响力也有着积极的影响。

任务单　介绍商品部

请实地考察至少3家本地星级酒店，观察其商品部并努力协商拍摄照片，并将所拍摄照片贴在下面的空白处，总结出其设立的意义和不同酒店商品部的特点。

活动二　商品部导购服务

客人到商品部购物，服务人员需要向客人进行有针对性的介绍，通过观察了解客人的购物方向，帮助客人满意购物。下面根据信息页，掌握向客人提供购物服务的技巧。导购员要做到"五个了解，一个掌握"，即了解公司、了解产品、了解顾客、了解竞争品牌、了解卖场，掌握销售理论和销售技巧。

信息页　有针对性地导购

顾客是导购员的服务和工作对象，是销售过程中最重要的人物。导购员必须对顾客购买心理有详细了解。

一、顾客购买动机

购买动机取决于顾客的需求，将影响顾客对商品的选择。导购员只有了解了顾客的购买动机，才能有针对性地推销。

二、顾客类型

一位机敏的导购员,往往能迅速地对顾客做出有礼貌的反应。当导购员遇到一位潜在顾客时,应当采取最好的方法向他推销产品。导购员面对的顾客可分为3种类型:已决定要买某种商品的顾客;未决定要购买某种商品的顾客;随意浏览的顾客。

三、顾客购买心理

顾客在购买东西时,不管他自己是否意识到,都要经过思想酝酿的8个阶段。这8个阶段对任何交易来说都是大体相同的。

(1) 注视、留意。顾客在观看货架上陈列的商品时,如果对某种商品有兴趣,就会驻足观看。这是顾客购买过程的第一阶段和最重要的阶段。

(2) 感兴趣。顾客通过观看产品或广告,可能会对商品的价格、外观、款式、颜色、使用方法、功能等中的某一点或几点产生兴趣和好奇,进而会触摸或翻看,同时可能会向导购代表问一些关心的问题。

(3) 联想。顾客进一步想象:"此商品将会给自己带来哪些益处?能解决哪些问题?对自己的生活会有什么帮助?自己是否需要?是否喜欢?"因此,这一步对顾客是否购买影响很大。如国外客人一般会对有我国特色的工艺品感兴趣,如景泰蓝、文房四宝、熊猫摆件等,它们所具有的中国文化代表性使其成为馈赠亲朋好友的最佳选择,也是引起宾客日后对中国之行产生美好回忆的线索。

(4) 产生欲望。联想之后,顾客会由喜欢而产生一种将这种商品占为己有的欲望和冲动。当顾客询问某种商品,并仔细加以端详时,就已经表现出他非常感兴趣、想买了。

(5) 比较权衡。产生欲望仅是顾客准备购买,尚未达到一定要买的强烈欲望。顾客可能会作进一步选择;也可能会仔细端详其他同类产品;还可能从店中走出去或又回到本店,再次注视此商品。

(6) 信任。在脑海中进行了各种比较和思想斗争之后的顾客往往会征求(询问)导购代表的一些意见,一旦得到满意的回答,大部分顾客会对此商品产生信任感。

(7) 决定行动。即顾客决定购买商品并付诸行动。

(8) 满足。即顾客作出购买决定还不是购买过程的终点,购买后的满足感即满意度才是购买行为的最终阶段。包括顾客买到称心商品后所产生的满足感和对导购员亲切服务的认可所产生的满足感。

另外,商品使用过程中的满足感也至关重要。这种满足感需要一定的时间才能体现出来,通过自己使用或家人对其购买商品的看法来重新评价所作出的购买决定是否明智,将直接影响顾客的重复购买率。

任务单·商品部导购服务

请根据下面的任务条件，以小组为单位模拟向客人推销产品的情境，进行任务练习与展示。

任务条件：来自法国的让·劳伦特先生就要结账离店了。临行前，他来到位于酒店大堂的商品部，给6岁的女儿带什么样的礼物让他左右为难。这时，商品部员工热情地走上前去……

任务评价

评价项目	具体要求	评价			建议
		😊	😐	☹	
商品部服务任务互评	1. 领会商品部的存在意义				
	2. 了解顾客购买心理				
	3. 能够有针对性地提供商品导购服务				
学生自我评价	1. 认真进行知识学习				
	2. 积极参与任务练习与展示				
	3. 全力以赴参与团队活动并发挥了积极作用				
小组活动教师评价	1. 组内分工明确、气氛融洽				
	2. 所有成员积极参加各环节活动				
	3. 知识学习与任务练习效果好				
总计		个	个	个	总评

在商品部服务工作中，我的收获是：

在商品部服务工作中，我的不足是：

改进方法和措施有：

参考文献

[1] 国家旅游局人事劳动教育司. 前厅服务与管理[M]. 北京：旅游教育出版社，2004.

[2] 蒋丁新. 酒店管理[M]. 第二版. 北京：高等教育出版社，2004.

[3] 李默. 现代酒店经营管理全书[M]. 广州：广东旅游出版社，2000.

[4] 林璧属. 前厅、客房服务与管理[M]. 北京：清华大学出版社，2006.

[5] 潘雪梅，王立职. 前厅服务与管理[M]. 北京：中国铁道出版社，2009.

[6] 中国就业培训技术指导中心. 前厅服务员(基础知识　初级技能)[M]. 北京：中国劳动社会保障出版社，2004.

[7] 吴梅. 前厅服务与管理[M]. 北京：高等教育出版社，2006.

[8] 吴军卫，程道品. 酒店前厅管理[M]. 重庆：重庆大学出版社，2008.

《中等职业学校酒店服务与管理类规划教材》

西餐与服务（第2版）
汪珊珊 主编 刘畅 副主编
ISBN：978-7-302-51974-4

中华茶艺（第2版）
郑春英 主编
ISBN：978-7-302-51730-6

会议服务（第2版）
高永荣 主编
ISBN：978-7-302-51973-7

咖啡服务（第2版）
荣晓坤 主编 林静 李亚男 副主编
ISBN：978-7-302-51972-0

调酒技艺（第2版）
龚威威 主编
ISBN：978-7-302-52469-4

酒店服务礼仪（第2版）

王冬琨 主编　郝璞 张玮 副主编
ISBN：978-7-302-53219-4

中餐服务（第2版）

王利荣 主编　刘秋月 汪珊珊 副主编
ISBN：978-7-302-53376-4

前厅服务与管理（第2版）

姚蕾 主编
ISBN：978-7-302-52930-9

客房服务（第2版）

赵历 主编
ISBN：978-7-302-54147-9

葡萄酒侍服

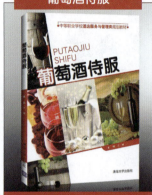

姜楠 主编
ISBN：978-7-302-26055-4

酒店花卉技艺

王秀娇 主编
ISBN：978-7-302-26345-6

雪茄服务

荣晓坤 汪珊珊 主编
ISBN：978-7-302-26958-8

康乐与服务

徐少阳 主编　李宜 副主编
ISBN：978-7-302-25731-8